SIGRID ENGELBRECHT

DER KLEINE COACH

Lass dich nicht vereinnahmen

Die beste Strategie, sich von den Ansprüchen anderer zu befreien

Wie ein »Ja« zur **Last** wird

Seite 16

Wo lauern Ihre Tretminen?

Seite 6

Raus aus der Zwangsjacke!

Seite 38

Die **Freiheit** verinnerlichen

Seite 116

Unsichtbare Fesseln: Wie wir uns selbst die Freiheit nehmen

Sich auf etwas einigen zu können und zu Kompromissen bereit zu sein, gehört zum Wesen jeder sozialen Beziehung – beruflich wie privat. Jede zwischenmenschliche Beziehung ist mehr oder weniger stark geprägt von gegenseitiger Beeinflussung. Jede Freundschaft, die wir eingehen, jede Unterstützung, die wir einem anderen für ein persönliches Vorhaben gewähren, jede Verabredung, jede Zusage verlangt uns etwas ab. Solange wir gerne und freiwillig auf den anderen eingehen und uns nicht dazu gezwungen sehen, seine Forderungen und Wünsche zu erfüllen, fühlen wir uns nicht vereinnahmt. Vor allem dann nicht, wenn wir wissen, dass er oder sie in einer vergleichbaren Situation auch auf unser Anliegen eingehen wird. In diesem Miteinander sind Geben und Nehmen ausgewogen und niemand nimmt den anderen einseitig in Beschlag. Unzufrieden werden wir erst, wenn wir uns überfordert oder ausgenutzt fühlen. Andere Menschen – unser Partner, unsere Freunde, die Familie, Kollegen und sogar uns völlig Fremde – können uns stark in unserer Freiheit einengen, indem sie unsere Zeit und Energie, manchmal auch unser Geld, für die Erfüllung ihrer eigenen Wünsche und Bedürfnisse nutzen wollen. Warum geben wir ihnen die Macht, uns zu vereinnahmen?

Fehlen uns im jeweiligen Moment die richtigen Argumente? Wollen wir den anderen nicht enttäuschen? Haben wir Angst, er könnte beleidigt oder abfällig reagieren? Fürchten wir Schuldgefühle oder als hartherzig, egoistisch oder hinterwäldlerisch zu gelten? Warum glauben wir, weniger gemocht oder geliebt zu werden, wenn wir uns um unsere eigenen Bedürfnisse kümmern und für uns selbst sorgen, statt vorrangig anderen zur Verfügung zu stehen?

Diesen Fragen will ich im »kleinen Coach« nachgehen. Er soll Sie dabei unterstützen, Vereinnahmungsversuche anderer frühzeitig zu erkennen und mit geeigneten Strategien gegenzusteuern.

Zunächst finden Sie in einem Selbsttest heraus, welcher »Vereinnahmungs-typ« Sie sind, das heißt, auf welche Knöpfe andere drücken, um Sie dazu zu bringen, »Ja« zu sagen, wo Sie eigentlich »Nein« meinen. Sie erfahren, warum Sie in vorauseilenden Gehorsam verfallen und vor allem auch, was Sie dagegen tun können. Nutzen Sie die speziell auf Ihren Typ zugeschnit-tenen Selbstcoachingpläne, um sich aus der Vereinnahmungsfalle zu befreien. Praktische Übungen und Tipps geben Ihnen zudem die Chance, zu erkunden, was für Sie im Alltag die wirksamsten Wege zu mehr innerer Entscheidungsfreiheit sind. Das Ziel ist, Schritt für Schritt innerlich frei zu werden und nebenbei auch Ihr Selbstbewusstsein und Ihr Selbstwertgefühl zu stärken. Ich wünsche Ihnen viel Erfolg!

Ihre Sigrid Engelbrecht

Wo lauern Ihre Tretminen?

*Auf **welchen Knopf** drückt der andere, wenn er Sie **vereinnahmen** will?*

JEDER VON UNS REAGIERT AUF BESTIMMTE SITUATIONEN, Signale und Schlüsselsätze, die dafür sorgen, dass wir gegen unsere eigenen Interessen handeln. Es geht dabei um Impulse, auf die wir unserem Typ entsprechend besonders anspringen und automatisch mit dem immer gleichen Muster reagieren. **Welche Tasten das sind, auf die die anderen bei Ihnen erfolgreich drücken, erfahren Sie im folgenden Test.** Wahrscheinlich werden Sie sich nicht nur in einem einzigen Profil wiedererkennen, sondern haben verschieden starke Anteile in den einzelnen Kategorien. Die Typzuschreibungen haben nicht nur problematische Seiten, sondern spiegeln auch Qualitäten. So geht es nicht darum, die für Sie typischen Eigenschaften zu bekämpfen, denn wir brauchen schließlich alle ein gewisses Maß an Pflichtbewusstsein, Spontaneität, Einfühlungsvermögen und gesunden Selbstzweifeln, um das Leben erfolgreich zu meistern. **Das Ziel ist vielmehr, dass Sie für Vereinnahmungsstrategien sensibel werden** und entsprechende Versuche geistesgegenwärtig zurückweisen. Und dass Sie sich die innere Autonomie zurückerobern, sich freien Herzens für oder gegen etwas entscheiden zu können.

✓ TEST   Welcher Typ sind Sie?

Nehmen Sie zu jeder der folgenden Aussagen Stellung und entscheiden Sie, inwieweit diese auf Sie ganz persönlich zutrifft. Tragen Sie dazu jeweils eine Zahl zwischen 0 und 4 in das entsprechende Feld hinter den Buchstaben ein.

4 Punkte: trifft immer zu

3 Punkte: trifft meistens zu

2 Punkte: trifft manchmal zu

1 Punkte: trifft selten zu

0 Punkte: trifft überhaupt nicht zu

Auch wenn eine Veranstaltung mich langweilt, bleibe ich immer bis zum Ende.   P

Mir ist es sehr wichtig, gebraucht zu werden.   M

Wenn ich etwas zugesagt habe, dann komme ich dem nach, auch wenn ich gesundheitlich angeschlagen bin.   P

Ich habe mir schon öfters etwas gekauft, was ich mir gar nicht leisten konnte.   E

Mich plagt oft die Angst, etwas verkehrt zu machen.   U

Es fällt mir schwer, um Hilfe oder einen Gefallen zu bitten.   P

Wenn mir jemand von seinen Sorgen erzählt, dann beschäftigt mich das noch lange Zeit.   M

Es fällt mir schwer, mich über eine ungerechte Behandlung zu beschweren.   U

Wenn jemand begeistert von einer Sache spricht, dann steckt mich das sofort an.   E

Ich bin sehr bestrebt, es anderen recht zu machen.   P

Ich habe schon oft etwas gekauft, das ich dann nicht benutzt habe.   E

In Situationen, die mir nicht vertraut sind, fühle ich mich unwohl.   U

Je besser ich den Ansprüchen und Erwartungen anderer gerecht werde, desto mehr werden sie mich schätzen. **P**

Oft habe ich das Gefühl, dass ich etwas Bestimmtes unbedingt haben muss. **E**

Wenn jemand an meine Hilfsbereitschaft appelliert, sage ich sofort ja. **M**

Ich verliere schnell das Interesse an Dingen, für die ich mich spontan begeistert habe. **E**

Wenn ich mit einer Autoritätsperson spreche, werde ich meist nervös. **U**

Wenn jemand zu mir sagt »du verstehst mich wirklich«, ist das für mich das schönste Kompliment. **M**

Wenn jemand an mein Verantwortungsgefühl appelliert, sage ich schnell ja. **P**

Wenn jemand mir ein Problem schildert, denke ich gleich, ich müsste die Lösung dafür parat haben. **M**

Es fällt mir meistens schwer, etwas zu reklamieren. **U**

Wenn es jemandem in meiner Umgebung schlecht geht, geht es mir auch schlecht. **M**

Ich sage oft zu, etwas für andere zu tun, und erkenne später, dass ich mich übernehme und eigentlich gar keine Zeit dafür habe. **E**

Es fällt mir sehr schwer, Wünsche anderer abzulehnen, weil ich niemanden enttäuschen will. **P**

Ich werde von den Gefühlen der Menschen um mich herum stark beeinflusst. **M**

Ich vermeide möglichst jede Art von Auseinandersetzung, auch wenn ich deswegen spürbare Nachteile habe. **U**

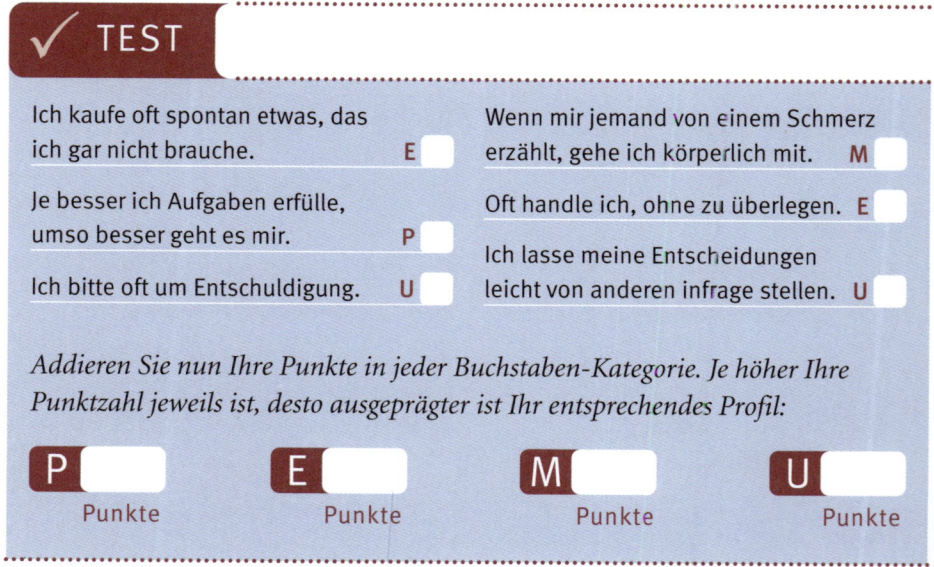

✓ **TEST**

Ich kaufe oft spontan etwas, das ich gar nicht brauche. **E**

Wenn mir jemand von einem Schmerz erzählt, gehe ich körperlich mit. **M**

Je besser ich Aufgaben erfülle, umso besser geht es mir. **P**

Oft handle ich, ohne zu überlegen. **E**

Ich bitte oft um Entschuldigung. **U**

Ich lasse meine Entscheidungen leicht von anderen infrage stellen. **U**

Addieren Sie nun Ihre Punkte in jeder Buchstaben-Kategorie. Je höher Ihre Punktzahl jeweils ist, desto ausgeprägter ist Ihr entsprechendes Profil:

P Punkte   **E** Punkte   **M** Punkte   **U** Punkte

Die Testauswertung

Und das bedeuten die Buchstaben:

P = »Die Pflichtbewusste«
E = »Die Entflammbare«
M = »Die Mitleidende«
U = »Die Unsichere«

Wie sieht Ihr Profil aus? Vielleicht sind Sie eindeutig einem Typ zugeordnet, vielleicht verteilen sich Ihre Punkte auf zwei oder mehr Profile. So könnten Sie etwa sehr pflichtbewusst und zugleich mitfühlend sein, oder schnell zu begeistern, dabei aber unsicher, was Werte und Ziele in Ihrem Leben angeht. Natürlich sind auch alle anderen Kombinationen möglich.

Lesen Sie auf den folgenden Seiten, wie die Profile im Einzelnen charakterisiert sind und was Sie persönlich brauchen, um sich erfolgreich gegen Vereinnahmung zu wehren. Um unser

Verhalten gezielt zu verändern, müssen wir uns unsere Stärken und Schwächen bewusst machen und erkennen, was uns in welcher Situation Ja statt Nein sagen lässt.

Die Pflichtbewusste

Auf Sie kann man sich verlassen: Ehrensache. Wenn jemand Sie um Hilfe oder einen Gefallen bittet, sind Sie sogar bereit, Ihre eigenen Bedürfnisse hintanzustellen, um dem anderen beizustehen. Zusagen halten Sie prinzipiell ein. Ihr Engagement und Ihre Zuverlässigkeit sind wichtige Qualitäten, die anderen im Umgang mit Ihnen Sicherheit und Stabilität geben.

Da es Ihnen schwerfällt, Ansinnen anderer abzulehnen und klar »Nein« zu sagen, laden Sie sich oft mehr auf, als Ihnen guttut. Wenn jemand Sie kritisiert, überlegen Sie automatisch, womit Sie ihn beschwichtigen könnten. Im Bestreben, es anderen recht zu machen, gehen Sie selbst mit Ihren Bedürf-

nissen und Wünschen häufig leer aus, arbeiten zu viel und gönnen sich wenig Freizeit und Erholung. Ihr Pflichtbewusstsein lässt Sie meist zugunsten der Interessen anderer und gegen Ihre eigenen Wünsche und Vorstellungen entscheiden. Wenn Sie dann doch einmal etwas »nur« für sich tun, meldet sich schnell das schlechte Gewissen. Und dabei bräuchten Sie doch dringend mehr Zeit für sich selbst und öfters die Gelegenheit, »richtig abzuschalten«. Denn die ständige Anspannung schlägt sich auch körperlich nieder, sodass Sie besonders zu Kopf- und Rückenschmerzen neigen. Auf diese Weise signalisiert Ihnen Ihr Körper, wann Schluss ist.

Das brauchen Sie

Als Pflichtbewusste brauchen Sie eine »Entlastungs-Strategie«. Dabei stehen Impulse im Vordergrund, die Sie dabei unterstützen, Ihre eigenen Bedürfnisse zu erkennen, zu respektieren und häufiger in den Vordergrund zu stellen. Schritt für

Schritt lernen Sie, Grenzen zu setzen, Ihre Pflichtenvielfalt auszudünnen und sich mehr Zeit für sich selbst zu nehmen. Sie üben sich in der Kunst des freundlichen »Neinsagens« und darin, Vereinnahmungsversuche anderer ohne schlechtes Gewissen abzuwehren.

Die Entflammbare

Spontan zu sein fällt Ihnen leicht. Meist handeln Sie, ohne viel zu überlegen, und lassen sich von Ihrem Bauchgefühl leiten. Sie sind sehr flexibel und können sich schnell auf neue Situationen einstellen. Auch an Neugier und an Ideen mangelt es Ihnen nicht. Von der Begeisterung anderer werden Sie rasch angesteckt, denn Sie besitzen eine ausgeprägte Vorstellungskraft. Diese wird Ihnen allerdings zum Verhängnis, wenn ein anderer Sie zu etwas überreden will und Ihnen die Vorzüge seines Ansinnens in den lebhaftesten Farben schildert. Dann identifizieren Sie sich leicht mit den Argumenten Ihres Gegenübers und lassen sich zu unbedachten Zusagen verleiten. Mit etwas Abstand fragen Sie sich, wie um alles in der Welt Sie sich nur dazu haben hinreißen lassen. Schnell ist ein Angebot angenommen, ein Kauf getätigt, ein Vertrag abgeschlossen, eine Verpflichtung eingegangen – und nun verbringen Sie viel Zeit damit, den entstandenen Schaden wieder auszubügeln. Daran ist dann gar nichts mehr spontan oder aufregend, sondern es kann zermürbend und langwierig werden. Das Problem ist, dass Sie in dem Moment, wo Sie impulsiv eine Zusage machen, keine Vorstellung davon haben, welche anderen Projekte und Ziele in Ihrem Leben wirklich wichtig beziehungsweise viel wichtiger sind.

Das brauchen Sie

Als Entflammbare brauchen Sie eine »Erdungs-Strategie«. Spontaneität hat viele gute Seiten, doch ist sie immer dann verhängnisvoll,

> *»Die **Freiheit** des Menschen liegt nicht darin, dass er **tun kann,** was er will, sondern dass er nicht **tun muss,** was er **nicht will.**«*
>
> Jean-Jacques Rousseau

wenn Sie sich so mit einer Sache identifizieren, dass die Fähigkeit zum Abwägen völlig unter die Räder kommt. Bei Ihrem Selbstcoachingplan geht es in erster Linie darum, zu lernen, in solchen Situationen Distanz zu schaffen: räumliche ebenso wie zeitliche. So können Sie in aller Ruhe herausfinden, was unnötig oder unrealistisch ist, was nur »nice to have« und was wirklich eine sinnvolle Investition von Zeit oder auch Geld wäre.

Die Mitleidende

Nett zu anderen zu sein, sich um andere zu kümmern, ist für Sie ganz selbstverständlich. Sie besitzen viel Menschenkenntnis. Ihr ausgeprägtes Einfühlungsvermögen be-

wirkt, dass Sie sich entsprechend mühelos in andere hineinversetzen können und sich im Gespräch Ihrem Gegenüber sehr nahe fühlen. Von anderen gebraucht zu werden und ihnen zu helfen, erfüllt Sie mit Stolz. Doch das hat seinen Preis. Zum einen lenken Sie sich damit gerne von eigenen »Baustellen« ab, zum anderen lassen Sie Ihre Stimmungslage von den Gefühlen anderer stark beeinflussen. Wenn Ihnen jemand seine Sorgen erzählt, beschäftigt Sie das lange. Sie identifizieren sich so mit seinen Problemen, dass Sie sich unter Druck setzen, Lösungen dafür zu finden. Das macht Sie attraktiv für Rat- und Hilfesuchende. So nehmen unverbesserliche Unglücksraben und beratungsresistente Jammerer ganz bedenkenlos Ihre Zeit in Anspruch – und Sie denken dann, Sie müssten sich noch mehr anstrengen, um den anderen zu motivieren, endlich aktiv zu werden. Auch Menschen, die Ihnen etwas verkaufen wollen und dabei gezielt Ihr Mitgefühl ansprechen, können Sie meist kaum etwas entgegensetzen.

Diese Überidentifizierung mit den Problemen und Anliegen anderer macht Sie anfällig für Überforderung und Burn-out.

Das brauchen Sie

Als Mitleidende brauchen Sie eine »Distanzierungs-Strategie«. Es geht darum, Verantwortung dort zu lassen, wo sie hingehört, dem Drang zu widerstehen, Entscheidungen für andere treffen zu wollen, auch wenn es »nur zu deren Besten« ist.

Und der Überzeugung entgegenzuwirken, Sie müssten automatisch für alle und alles Lösungen finden und dann womöglich noch dafür geradestehen. Es gilt, die eigenen Grenzen wahrzunehmen und häufiger mal für sich selbst statt immer nur für andere da zu sein. Das bedeutet auch, dass Sie sich mehr mit dem eigenen Weiterkommen beschäftigen und Lösungen für die Herausforderungen in Ihrem Leben finden, statt sich in den Problemen anderer zu verlieren.

Die Unsichere

»Stille Wasser sind tief« – diese Redensart trifft auf Sie zu. Ihre gut ausgeprägte Wahrnehmung und Ihr Sinn für Details lässt Sie feinfühlig und umsichtig an Dinge

> »Alle unsere **Streitigkeiten** entstehen daraus, dass einer dem **anderen** seine **Meinung aufzwingen** will.« Mahatma Gandhi

herangehen. Dementsprechend höflich und dezent begegnen Sie auch Ihren Mitmenschen. Im Kontakt mit anderen sind Sie angenehm zurückhaltend, jedoch leider auch sehr schüchtern. Ständig befürchten Sie, etwas falsch zu machen. Vielen Alltagssituationen fühlen Sie sich nicht gewachsen, besonders wenn Sie sich in ungewohnten Situationen befinden und wenn es darum geht, Entscheidungen zu treffen. Meistens schauen Sie lieber, was die anderen machen und richten sich dann nach ihnen. Von sich aus initiativ zu werden ist nicht Ihre Sache. So können andere Sie leicht zu etwas überreden, wovon Sie selbst eigentlich nicht überzeugt sind. Es fällt Ihnen schwer, auf Ihrer Meinung zu beharren. Besonders dann, wenn Ihr Gegenüber sehr dominant auftritt, geben Sie lieber klein bei und passen sich an, statt sich auf eine Auseinandersetzung einzulassen.

Wenn jemand Sie verletzt, begehren Sie nicht auf, sondern ziehen sich gekränkt zurück und meiden den Verursacher der Verletzung künftig. Sie entschuldigen sich viel – auch für ganz banale Missgeschicke. Dem liegt – bewusst oder unbewusst – die Überzeugung zugrunde, dass andere sowieso klüger, kompetenter oder erfahrener sind als Sie selbst. Gerne wären Sie etwas selbstbewusster und souveräner in Ihrem Auftreten, wissen aber nicht, wie Sie das anstellen könnten.

Das brauchen Sie

Als Unsichere brauchen Sie eine »Selbstbestärkungs-Strategie«. Dabei stehen Übungen und Tipps im Vordergrund, die Sie dabei unterstützen, mehr Selbstsicherheit zu entwickeln, sich anderen ebenbürtig zu fühlen und sich selbst mehr zuzutrauen. Herauszufinden, was Ihre eigenen Werte und Ziele sind, ist wichtig für Ihr Selbstvertrauen. In dem Maße, in dem Sie zu Ihrer inneren Stärke finden, werden Sie sich mehr und mehr erlauben, eigene Wege zu gehen.

Wie ein »Ja« zur **Last** wird

Wird eine Tugend zur Untugend, gerät unser Gleichgewicht ins Wanken

EINFÜHLUNGSVERMÖGEN UND ZUVERLÄSSIGKEIT SIND für unser Zusammenleben unverzichtbar. Wer an den Anliegen, Problemen und Erwartungen anderer einfach vorbeischaut und nur das eigene Wohl im Sinn hat, wird auf Dauer ein recht einsames Leben führen. Ohne die Fähigkeit, sich spontan für etwas begeistern zu können, wäre unser Alltag freudlos und mühsam, denn Begeisterung ist der Motor für unsere Motivation. Und wären wir nicht fähig, unser Denken und Fühlen in Frage zu stellen, gäbe es keine Entwicklung und keine Kompromisse, sondern nichts als sture Rechthaberei.

»Allein die Dosis macht das Gift«, das wusste schon Paracelsus. Auch eine Tugend kann sich eben, im Übermaß eingesetzt, zur Unsitte wandeln. In unserem Bestreben, gut mit anderen Menschen auszukommen und Unstimmigkeiten, Kritik und Konflikten aus dem Weg zu gehen, handeln wir dann oft gegen unsere eigenen Wünsche und Bedürfnisse und lassen uns so einseitig von anderen vereinnahmen. In diesem Kapitel erfahren Sie, worin die Gründe zu suchen sind, die das Harmoniebestreben zu Lasten unserer persönlichen Freiheit so ausufern lassen.

Immer wieder Ja statt Nein

Sicher kommt Ihnen das nur allzu bekannt vor: Sie tun etwas, was Sie gar nicht tun wollten und fragen sich danach, wie um alles in der Welt Sie da hineingeraten konnten. Ganz bestimmt finden Sie sich in einem oder mehreren der folgenden Beispiele wieder.

Schon wieder überrumpelt

Wie konnte ich bloß …

● … diese teure Bluse kaufen – nur weil die Verkäuferin mir viel Zeit gewidmet hat?

● … mich von der Kollegin kurz vor Feierabend eine gute halbe Stunde in Beschlag nehmen lassen? Sie ist den Frust über ihren Ex losgeworden, und ich habe nun meinen Zug verpasst.

● … einem Nachbarn das Auto für einen Kurztrip leihen – nur um mich für den reparierten Gartenschlauch zu revanchieren?

● … ein Abo für eine Fernsehzeitung abschließen – nur weil mir der nette Student an der Tür so leidgetan hat?

Ja, wieso nur? Denn nun sind wir gar nicht glücklich, sondern frustriert: Die Bluse sieht im heimischen Spiegel ganz nett, aber nicht gerade sensationell aus, außerdem sitzt sie nicht richtig. Komisch, dass uns das bei der Anprobe nicht aufgefallen ist. Weil wir uns von der redegewandten Kollegin nicht loseisen konnten, fehlt jetzt die Zeit, in der Reinigung die schicke schwarze Hose abzuholen, die wir morgen eigentlich zum Meeting tragen wollten. Wir sorgen uns ohne Unterlass, dass der Nachbar das Auto nicht heil zurückbringen könnte. Überdies ist es auch nicht prickelnd, dass wir zwei Tage bei Nieselwetter mit dem Rad zur Arbeit fahren müssen. Und Zeitschriften haben wir mehr als genug, außerdem ist das schon das dritte Abo, das auf diese Weise zustande kam. Tja, dumm gelaufen!

Die Macht des Entscheidungsdrucks

Wann haben Sie das letzte Mal an einer Veranstaltung teilgenommen, die Sie im Grunde gar nicht interessierte? Sind Sie nur hingegangen, weil ein anderer zu Ihnen sagte:

- Das ist aber ein MUSS!
- Wir zählen auf dich!
- Wir wollen dich unbedingt dabeihaben!
- Du bist die Einzige von uns, die sich noch nicht angemeldet hat.
- Wenn du da nicht mitmachst, dann bist du echt außen vor.
- Interessiert dich das nicht?

Es gibt die verschiedensten Vereinnahmungsstrategien wie beispielsweise Komplimente zu machen, ein schlechtes Gewissen zu erzeugen oder mehr oder weniger subtile Drohungen auszusprechen (»wenn du nicht …, dann …!«), die Entscheidungsdruck in uns aufbauen sollen – damit wir das tun, was der andere will (siehe auch ab Seite 33). Tatsächlich lassen wir uns im Alltag

allzu oft zu Entscheidungen verleiten, die eigentlich gar nicht in unserem Sinne sind. Manchmal, wenn wir uns für die Interessen anderer einspannen lassen, denken wir nach einer Weile sogar, es seien unsere eigenen – oder wollen uns dies zumindest selbst glauben machen. Vereinnahmung beruht stets darauf, dass Gefühle in uns ausgelöst oder Motive in uns geweckt werden, von denen der andere einen Nutzen hat. Doch was ist das genau, was uns »Ja« sagen lässt, obwohl wir »Nein« meinen?

Unsere psychischen Grundbedürfnisse

Schon seit Längerem haben Neurobiologie und Verhaltensforschung Antworten auf die Frage gefunden, unter welchen Umständen Menschen schnell bereit sind, sich auf die Vorschläge, Ideen oder Bitten ihres Gegenübers einzulassen. Meist sind es anerzogene Denk- und Verhaltensmuster, die uns dazu bringen, gewissen Dingen – oft wider besseres Wissen – zuzustimmen (siehe auch ab Seite 23). Diese Muster knüpfen direkt an unsere psychischen Grundbedürfnisse an. Der Psychologe und Kommunikationswissenschaftler Friedemann Schulz von Thun nennt hier die folgenden Bedürfnisse:

- wertvoll sein,
- geliebt werden,
- frei sein,
- verbunden sein.

Diese verschiedenen Bestrebungen gilt es, miteinander in Balance zu halten, denn eine zu einseitige Ausrichtung führt zu Konflikten.

Leben in der Gemeinschaft

Wir wollen uns als wertvoller Mensch fühlen und von anderen anerkannt, geschätzt und gemocht werden. Wir wünschen uns aber auch, selbstbestimmt zu leben, eigene Entscheidungen treffen zu können und trotz unseres »Eigen-Willens« einer Gemeinschaft anzugehören. In dieser möchten wir wahrgenommen und freundlich behandelt werden. Wir wollen, dass jemand sich für uns interessiert, dass er sich besorgt zeigt, wenn wir mal durchhängen und sich mit uns freut, wenn uns etwas gelungen ist. Dies alles trägt dazu bei, dass wir uns wohl und sicher fühlen können. Das Gegenteil davon erscheint uns mit Recht als Horrorvorstellung: Wer sich wertlos und ungeliebt fühlt, eingesperrt und nirgendwo zugehörig, der findet wenig Grund, sich am Leben zu freuen. Das Bedürfnis nach Anerkennung und Wertschätzung durch andere ist also ein ganz elementares menschliches. Als soziale Wesen fühlen wir uns in einer Gemeinschaft nur dann wohl, wenn wir von ihr auch akzeptiert und gemocht werden. Jeder von uns braucht also Bestätigung durch andere. So streben wir danach, uns unsere psychischen Grundbedürfnisse zu erfüllen – und sie eben auch von anderen erfüllt zu bekommen.

Vorsicht bei Einseitigkeiten

Ein gutes Miteinander hat ein ausgewogenes Geben und Nehmen zur Bedingung. Kritisch wird es dann, wenn sich in diesen wechselseitigen Austausch Einseitigkeiten einschleichen. Wenn also

- der eine immer nur gibt und der andere nimmt und nimmt,
- der eine ständig seinen Willen durchsetzt und der andere sich dauernd anpasst,
- der eine seine Vorstellungen verwirklicht und der andere immer klein beigibt, weil er die Beziehung nicht gefährden will.

Solche Einseitigkeiten können sich gleichermaßen in Paarbeziehungen, in Freundschaften und unter Kollegen entwickeln.

Vereinnahmung greift umso besser, je mehr wir das Lob und die Anerkennung anderer brauchen, um uns wertvoll zu fühlen. Damit geben wir ihnen ganz schön viel Macht an die Hand. Und je deutlicher andere spüren, dass wir das, was wir über uns selbst denken, von ihrem Urteil abhängig machen, desto mehr können sie diese Macht auch missbrauchen!

Balance erreichen

Der kleine Coach will Ihnen helfen, Ungleichgewichte in Beziehungen abzubauen und in eine neue Balance zu kommen zwischen den eigenen Wünschen und Vorstellungen und den Ansprüchen anderer. So stärken Sie Ihre Unabhängigkeit und können damit aufhören, Ihre Freiheit für das Gefühl aufzugeben, »dazuzugehören«, gemocht, geliebt und geschätzt zu werden.

> *»Die Menschen lassen sich lieber durch Lob ruinieren, als durch Kritik verbessern.«*
>
> George Bernard Shaw

Unverzichtbar:
Das Selbstwertgefühl

Gleichwertige Beziehungen funktionieren nur, wenn beide Partner ein solides Selbstwertgefühl haben. Wenn wir uns wohl und sicher fühlen als die, die wir sind, brauchen wir nicht ständig von anderen zu hören, dass wir gut aussehen, unsere Arbeit perfekt erledigen, reizende Menschen sind usw. Eigentlich logisch. Natürlich gibt es kaum jemand, dessen Selbstwertgefühl so stark gefestigt wäre, dass er sich als völlig unabhängig von der Meinung anderer bezeichnen könnte. Jeder bringt seine ganz speziellen Selbstwert-Baustellen mit, wie wir auch anhand der Testauswertung gut sehen konnten.

Unsere Selbstwert-Baustellen

Die Pflichtbewusste verbindet ihr Selbstwertgefühl in erster Linie damit, das zu tun, was andere von ihr erwarten – oder was sie glaubt, dass diese erwarten könnten.

Der Entflammbaren ist es für ihr psychisches Intaktheitsgefühl vor allem wichtig, immer wieder neuen Impulsen aus dem Augenblick heraus zu folgen. Sie spürt in diesem Moment ein Gefühl von innerer Freiheit und merkt erst hinterher, dass sie mit ihrem spontanen Handeln eigentlich vorrangig die Ziele anderer bedient hat.

Die Mitleidende muss für ihren Selbstwert das Gefühl haben, gebraucht zu werden. Wenn sie sich um niemand kümmern kann, fühlt sie sich wertlos.

Die Unsichere sucht für ihre innere Stabilität die Bestätigung, das Richtige zu tun. Da sie sich aber nicht zutraut, zu erkennen, was das Richtige ist, baut sie darauf, dass andere es ihr sagen.

Freiheit oder Bequemlichkeit?

Sicher, es ist einfacher, zu tun, was ein anderer verlangt, statt eigene Ansprüche zu stellen: Das ist der Weg des geringsten (inneren) Widerstands. Es ist verlockend zuzugreifen, wenn jemand uns suggeriert, es gäbe gerade eine einmalige Gelegenheit oder ein echtes Schnäppchen. Es ist oft weniger frustrierend, sich um Probleme von Mitmenschen zu kümmern als Lösungen für die eigenen zu suchen. Und es ist bequemer, anderen auf vorgebahnten Wegen zu folgen als eigene Vorstellungen zu entwickeln und diese zu verwirklichen – vor allem, wenn man dabei in Kauf nehmen muss, dass auch der eine oder andere Holzweg dabei ist. Mit diesem Verhalten ecken wir nicht an, machen uns nicht unbeliebt, sind also auf der sicheren Seite. Das Fatale ist nur: **Je mehr wir andere darüber bestimmen lassen, was gut und richtig für uns ist, desto mehr kommt die innere Freiheit, die ja ebenfalls zu unseren psychischen Grundbedürfnissen gehört, unter die Räder.** Wir werden anfälliger dafür, dass andere uns für ihre Interessen einspannen und fühlen uns irgendwann stark fremdbestimmt und überfordert.

Warum haben wir Angst vor Ablehnung?

Angst vor dem Abgelehntwerden ist etwas Elementares und gehört zu unserer psychischen Grundausstattung. Solange sie nur gelegentlich auftritt und unsere Entscheidungen nicht zu sehr beeinflusst, ist sie also völlig natürlich. Fürchten wir uns jedoch stark davor, als Person oder mit unseren Ideen, Ansichten und Vorschlägen abgelehnt zu werden, fühlen wir uns oft unsicher und gehemmt. Und so lassen wir uns mehr von anderen beeinflussen als uns guttut. Doch wie kommt es dazu, dass die Angst vor Ablehnung so dominant werden kann, dass sie zu einer echten Belastung wird?

Erlerntes und generalisiertes Verhalten

Um das zu verstehen, müssen wir in unserer Lebensgeschichte ein paar Schritte zurückgehen. Allgemein bestimmen die Erfahrungen, die wir im Laufe des Lebens machen, unser Denken – und so auch unsere Gefühle und unser Handeln. Dies gilt ganz besonders für die Erfahrungen in unseren ersten Lebensjahren. Sie prägen unser Selbstverständnis und unsere Überzeugungen am meisten.

Belohnung oder Strafe?

Als Kinder waren wir auf die Liebe und das Wohlwollen unserer Eltern angewiesen. Ohne deren Zuwendung und Fürsorge hätten wir nicht überleben können. Unsere Eltern haben uns gesagt und gezeigt, was ihrer Ansicht nach richtig und was falsch ist. Verhielten wir uns richtig – also in ihrem Sinne – so wurde dies belohnt, verhielten wir uns falsch, so zog dies Ablehnung nach sich. Wenn unsere Eltern uns lobten, freuten wir uns, wenn sie mit uns schimpften oder uns gar bestraften, litten wir. Auf diese Weise haben wir gelernt, uns in die Gemeinschaft zu integrieren, haben soziale und kulturelle Normen eingeübt, die uns das Zusammenleben mit anderen erleichtern sollten. *Es anderen recht zu machen, das war und ist wesentlicher Teil des Lern- und Anpassungsprozesses.*

Identifikation und Anpassung

Wir haben uns mit den Ansichten und Werten unserer Eltern und anderer Bezugspersonen identifiziert. Haben versucht, so zu sein und zu handeln, dass sie uns mögen und anerkennen. Hatten wir strenge und anspruchsvolle Eltern, mussten wir uns sehr anstrengen, um ihre Zuneigung zu erringen. So haben wir schon als kleine Kinder vielfach die Überzeugung verinnerlicht, dass wir nur dann etwas wert sind, wenn wir es anderen recht machen.

> *»Das Sollen tötet das Leben!«*
>
> Robert Menasse

Ängste und Selbstzweifel erlernen

Als Kinder haben wir durch die Reaktion unserer Bezugspersonen auf unser Verhalten gelernt, es deren Werten und Normen entsprechend anzugleichen. Unangepasstes Benehmen, das zu Kritik, Zurückweisung oder körperlicher Gewalt führte, haben wir normalerweise sofort oder mit der Zeit unterlassen. Ein »braves« Betragen, für das wir gelobt wurden und Zuwendung erfahren haben, haben wir dagegen beibehalten.

Wir haben aber nicht nur durch diese unmittelbaren Reaktionen gelernt, unser Verhalten anzupassen, sondern auch durch Beobachtung und Nachahmung.

Lernen durch Erfahrung

Taten sich unsere Eltern oder ein Elternteil selbst schwer damit, gegenüber anderen »Nein« zu sagen, ist es sehr wahrscheinlich, dass wir uns dies »abgeguckt« haben. Genauso gut kann uns auch ein Elternteil, das ständig Streit provozierte, so abgeschreckt haben, dass wir heute schon im Vorfeld jeglichen Disput vermeiden, indem wir uns anpassen. Sehr autoritäre Eltern sowie ältere Geschwister können ebenfalls Einfluss ausgeübt haben. Wenn wir ihnen gegenüber fast immer den Kürzeren zogen, weil sie einfach die Stärkeren waren und deshalb ihre Vorstellungen durchgesetzt haben, dann hat dies wahrscheinlich nicht gerade die Fähigkeit gefördert, einen eigenen Standpunkt zu vertreten.

Eine andere Erfahrung aus der Kindheit war vielleicht die, dass wir auf verletzende Weise auf Fehler und Schwächen aufmerksam gemacht wurden. Kommen Ihnen solche Sätze bekannt vor? »Du bist so was von dumm!« oder: »Du bist so ein Tollpatsch!« oder: »Lass das sein, du kannst es sowieso nicht!« Sätze wie diese entmutigen. Haben wir sie als Kinder oft gehört, dann hat uns das die Unbefangenheit genommen und unsere Experimen-

 Lebensregeln, die unser Verhalten steuern

- »Gemocht werde ich nur dann, wenn ich die Ansprüche anderer erfülle«. (das entspricht vor allem der Pflichtbewussten)
- »Andere wissen, was gut für mich ist.« (= vor allem die Unsichere)
- »Wenn ich mich füge, dann sind die anderen nett zu mir.« (= vor allem die Unsichere und die Pflichtbewusste)
- »Wenn ich mache, was der andere will, lässt er mich in Ruhe.« (= vor allem die Unsichere)
- »Was der andere will, ist wichtiger als das, was ich will.« (= vor allem die Mitleidende und die Pflichtbewusste)
- »Dabeisein ist alles, egal was es mich kostet.« (= vor allem die Entflammbare)
- »Mache ich, was ich selber will, werde ich bestraft.« (= vor allem die Unsichere und die Pflichtbewusste)
- »Bloß keinen Fehler machen, sonst lachen mich die anderen aus.« (= vor allem die Unsichere)
- »Nur wenn ich für andere da bin, bin ich etwas wert.« (= vor allem die Mitleidende)
- »Nur wenn ich tue, was andere gut finden, gehöre ich dazu.« (= vor allem die Entflammbare und die Unsichere)

tierfreude gehemmt. So haben wir begonnen, an uns zu zweifeln und zahlreiche Ängste zu entwickeln: Die Angst, zu versagen, die Angst, Erwartungen nicht zu genügen und deshalb abgelehnt zu werden, sowie die Angst, ausgeschlossen zu werden sind typische Beispiele.
Auch Erfahrungen in verschiedenen Peergroups, also mit Spielge-

fährten und Mitschülern, haben diesen Prozess beeinflusst. Fatal, wenn wir auch hier darin bestätigt wurden, dass Anpassung der Preis dafür ist, dazuzugehören, und dass eigene Wege zu gehen bedeutet, nicht geliebt und ausgeschlossen zu werden. Dann ist es doch besser Ja statt Nein zu sagen, um nicht zum Außenseiter zu werden – oder?

Hemmende Muster

Natürlich haben wir beim Erwachsenwerden viele unserer kindlichen Denk- und Verhaltensweisen abgelegt und längst gelernt, eigene Vorstellungen zu entwickeln. Tatsächlich aber wirken viele unserer alten kindlichen Denkmuster und Reaktionen unbewusst in uns fort. Als Erwachsene überprüfen wir den Wahrheitsgehalt unserer erlernten Überzeugungen meist nicht mehr. Wir sind uns ihres Einflusses oft kaum mehr bewusst – schließlich ist das alles schon so lange her! Und dennoch übertragen wir die alten Muster auf die Menschen, mit

denen wir heute im Alltag zu tun haben. Nehmen wir an, Sie hätten seit jeher das Gefühl, dass es schlimme Konsequenzen haben könnte, Nein zu sagen. Dann plagen Sie sich sicherlich mit Gedanken herum wie: Wenn ich Nein sage, dann

- wird mich der andere ablehnen – dabei ist mir sein Wohlwollen aber sehr wichtig,
- wird der andere verärgert oder aggressiv reagieren – und ich kann mich nicht wehren,
- bin ich schuld, dass der andere enttäuscht, beleidigt oder verletzt ist – das wäre schlimm für mich,
- verliere ich meinen Job, meinen Partner, meine Freundin usw.,
- stehe ich als Egoist da – und das halte ich nicht aus,
- passiert etwas Schlimmes.

Die Macht der Gefühle

Als Erwachsenen ist uns einerseits natürlich bewusst, dass unser physisches Überleben nicht mehr vom Wohlwollen anderer abhängt – andererseits aber erleben wir Ablehnung gefühlsmäßig noch oft so, wie das kleine Kind, das seinen Eltern auf Gedeih und Verderb ausgeliefert war. Wir projizieren unsere Erfahrungen von damals auf unsere heutige Situation. Die Gefühle sprechen hier eine andere Sprache als der Verstand. Und wenn diese beiden miteinander im Clinch liegen, siegt meist das Gefühl. Wir können noch so oft versuchen, uns selbst davon zu überzeugen, dass wir doch einfach »Nein« sagen könnten – wenn die Vorstellung, dieses »Nein« auszusprechen, starke Ängste auslöst, gehorchen wir dem Diktat der Gefühle und sagen »Ja«.

Schuldgefühle und Co.

Meist ist die Angst vor Ablehnung von Gefühlen begleitet, die wir ebenfalls sehr gut aus der Kindheit kennen: Schuldgefühle, schlechtes Gewissen, Scham, Hilflosigkeit. Um nicht mit ihnen konfrontiert zu werden, sind wir bereit, sehr viel zu tun. Vielfach haben wir die »Gefahrenabwehr« so verinnerlicht, dass wir uns zum Beispiel ganz automatisch verpflichtet fühlen, das zu machen, was andere von uns erwarten und meist erst hinterher merken, dass ein Nein besser für uns gewesen wäre.

Die Folge davon ist, dass wir wütend auf uns und/oder den anderen sind, und uns als hilfloses, handlungsunfähiges Opfer fühlen.

Was es bringt, ein Nein zu vermeiden

Es gibt zahlreiche kurzfristige Vorteile, die es uns, egal welches Profil wir haben, schwer machen, der Vereinnahmung durch andere zu widerstehen und die uns immer wieder auch dann Ja sagen lassen, wenn das nicht wirklich in unserem Interesse liegt.

Die kurzfristigen Vorteile sind deshalb so wirksam, weil sie zum einen die uns unerträgliche Spannung augenblicklich in Entspannung verwandeln. So lange der andere noch

Kurzfristige Vorteile des Jasagens

Wir sagen Ja, wo wir Nein meinen, denn dann ...

- sind wir pflegeleicht und angenehm für andere und ernten dafür Lob und Zuneigung: »Auf dich kann man sich wirklich verlassen!«,
- vermeiden wir unangenehme Konflikte und Konfrontationen,
- bekommen wir keine Kritik und keine Vorwürfe zu hören und lenken keinen Unwillen auf uns,
- müssen wir nicht befürchten, der andere könnte eingeschnappt sein oder uns für unseren Eigenwillen bestrafen,
- gehen wir den Schuldgefühlen aus dem Weg, die sich einstellen würden, wenn wir auf einem Nein bestehen würden,
- können wir den anderen die Schuld daran geben, wenn wir unsere Pläne und Vorhaben nicht verwirklichen,
- können wir ein schönes Bild von uns selbst zeichnen: das eines edlen, hilfreichen, selbstlosen Menschen,
- können wir auch anderen ein schlechtes Gewissen machen, indem wir sie fortwährend daran erinnern, wie sehr wir uns für sie eingesetzt und wie viel wir schon für sie getan haben.

auf unsere Entscheidung wartet, lastet Druck auf uns. Haben wir zugestimmt, löst sich dieser sofort auf. Zum anderen bedienen wir mit unserem Verhalten die auf Seite 27 beschriebenen Annahmen, die wir von Kindesbeinen an verinnerlicht haben. Solche alten Muster gehen immer mit verinnerlichten Antreibern einher. Also mit Sätzen, die wir ebenfalls aus der Kindheit kennen und mit denen wir uns weiterhin vorantreiben, wie es früher unsere Bezugspersonen taten:

- »Streng dich an!«
- »Du musst immer nett sein!«
- »Mach es allen recht!«

Dies sind in der Tat mächtige innere Triebkräfte. Ihnen allen gemeinsam ist, dass wir uns damit selbst blockieren, weil andere immer mehr zählen als wir.

Neinsagen lohnt sich

Natürlich ist es nicht leicht, die genannten Vorteile aufzugeben – doch es lohnt sich! Bedenken Sie: Wer stets friedlich, freundlich und zuverlässig ist sowie nirgends aneckt, der ist bei anderen vielleicht wirklich beliebt, wird aber oft nur wenig respektiert.

Außerdem geraten die eigenen Wünsche und Bedürfnisse zusehends unter die Räder und werden schließlich überhaupt nicht mehr ernst genommen – bis zu dem Grad, dass man selbst nicht mehr weiß, was man eigentlich wirklich will und braucht. Dies ist ein sehr hoher Preis für ein Lob oder eine kurzzeitige Beruhigung.

Das Ideal der Selbstlosigkeit

Wie wir gesehen haben, werden wir stark von unseren Bezugspersonen geprägt: unserer Familie, unseren Freunden, Lehrern und Peergroups. Doch werden wir auch durch das kulturelle Umfeld geformt, in dem wir aufgewachsen sind und durch die Werte, die uns durch Medien und Institutionen offen und unterschwellig vermittelt werden. Welches Verhalten wird anerkannt? Welches als ideal angesehen? Und welches Verhalten wird abgelehnt, geächtet oder gar bekämpft?

Der Einfluss der Geschlechterrollen

Jede Kultur hat ihre Werte, Normen und Idealvorstellungen. Dies betrifft selbstverständlich auch die Geschlechterrollen. Als idealer Mann galt lange Zeit der Held, der furchtlos alle möglichen Gefahren besteht und siegreich daraus hervorgeht. Zum idealisierten Frauenbild hingegen gehörte unter anderem die Selbstaufopferung als weibliche Tugend. Sich-Aufopfern für andere – besonders für den Partner und die Familie – galt lange Zeit als typisch weibliches Leitbild. Zwar ist die Vorstellung, das eigene Wohl zugunsten anderer vernachlässigen zu müssen, nicht mehr so dominant wie in früheren Frauengenerationen, aber auch heute noch unterschwellig wirksam. Nur wenige Frauen haben kein schlechtes Gewissen, wenn Sie (Muße-)Zeit für sich beanspruchen und darüber der Partner oder gar die Kinder oder die betagten Eltern zurückstehen müssen. Die immer ansprechbare, einfühlsame Multitaskerin, deren »weibliche Eigenschaften« gerne als erstrebenswert

hervorgehoben werden, scheint noch heute das gesellschaftliche Ideal zu sein. Denken Sie nur mal an die unzähligen Kino- und Fernsehfilme, die diese Muster stetig reproduzieren.

Preis der Selbstlosigkeit

Spätestens dann, wenn wir uns häufig erschöpft fühlen, zu nichts mehr richtig Lust haben, nur mühsam entspannen und schlafen können oder sich andere Symptome eines Burn-outs zeigen, registrieren wir, dass wir für den selbstauferlegten Altruismus einen hohen Preis bezahlen müssen.

Je weniger wir selbst wissen, was wir wollen und was uns wichtig ist, desto anfälliger werden wir für Vereinnahmung. Wenn wir keinen eigenen Plan und keinen Überblick

> »Darum sind die Frauen unglücklich, weil sie sein sollen, wie sie in Wirklichkeit nicht sind.«
>
> Hedwig Dohm

Selbstlose Menschen ...

- fühlen sich gefordert, die Probleme des anderen zu lösen,
- bringen für alles und jeden Verständnis auf,
- wollen vom anderen gebraucht werden,
- vergessen ihre eigenen Bedürfnisse,
- glauben, permanent für jeden verfügbar sein zu müssen,
- fühlen sich moralisch stark verpflichtet, anderen beizustehen,
- spüren selten Zorn, sind aber öfter deprimiert und ausgelaugt,
- haben ihre persönlichen Grenzen der Machbarkeit und Zumutbarkeit oft weit nach hinten verschoben.

haben, führt das dazu, dass wir uns überrumpeln lassen und dann Angebote, Einladungen oder Aufgaben unüberlegt annehmen. Was wir im Falle der Werbung für Produkte oder Dienstleistungen als offenkundige Absicht meist klar erkennen, nehmen wir im Bekanntenkreis nicht so deutlich wahr. Umso wichtiger ist es, uns bewusst zu machen, dass auch Familienmitglieder, Freunde und Kollegen ihre eigenen Interessen im Blick haben, wenn sie uns zu irgendetwas überreden wollen. Das ist natürlich legitim. Ebenso legitim ist es aber, Ansinnen anderer abzulehnen. Letztlich können andere uns nur deswegen vereinnahmen, weil wir so großen Wert darauf legen, dass sie immerzu gut von uns denken. Weil wir unbewusst noch immer dem Wunschbild unserer Eltern und den vermeintlich von der Gesellschaft erwarteten weiblichen Idealen entsprechen möchten. So bleibt die Anerkennung durch unsere Umwelt der Gradmesser für unsere Selbstakzeptanz bzw. unser Selbstwertgefühl.

Top Ten der Vereinnahmungsstrategien

Das Bild, das andere von uns haben, bestimmt oftmals ganz entscheidend unser Selbstbild. So werden wir leichte Beute von Leuten, die sich in ihrer Dominanz gefallen.

Vorsicht Falle!

Vereinnahmer haben eine Reihe von Strategien auf Lager, auf die Sie je nach Profil anspringen.

1. Nörgeln

Notorische Nörgler wollen keine Probleme lösen, sondern das sprichwörtliche Haar in der Suppe finden und das gelingt ihnen immer! Nörgeln ist eine erlernte und erfolgreiche Methode, andere zu vereinnahmen und Sie dazu zu bringen, sich ein Bein auszureißen. Als Pflichtbewusste oder als Unsichere kann ein chronischer Nörgler Sie schnell bis an den Rand Ihrer Belastungsfähigkeit treiben. Was immer Sie unternehmen, um ihn zufriedenzustellen: Es ist alles vergebens! Wie oft haben Sie schon »um des lieben Friedens willen« nachgegeben?

2. Gezieltes Abladen

So mancher Ablader musste nie ein Buch zum Thema Delegieren lesen, weil er ein Naturtalent ist. Er weiß einfach, wie er ungeliebte Arbeiten weiterreicht – nämlich an Sie, weil Sie so schlecht »Nein« sagen können. Bevorzugt dann, wenn Sie zu den Pflichtbewussten oder Unsicheren gehören. Ablader kommen meist nicht barsch daher, sondern sind freundlich und charmant, machen Komplimente, treten manchmal auch wie Bittsteller auf – bei etwas Druck auf die Tränendrüse wird besonders die Mitleidende empfänglich (»Sie sind meine letzte Rettung«). Wenn er klarmacht, um welch ein wichtiges und tolles Projekt es sich handelt, kann ein Ablader leicht auch die Entflammbare ködern.

3. Jammern

Geschickte Appelle ans Gefühl gehören zum Handwerkszeug aller Vereinnahmer. *Wer die Emotionen anderer anzusprechen versteht, kommt meist rascher zum Ziel* als jemand, der rational argumentiert. Der Jammerer sieht sich gerne als Opfer. Er glaubt, er sei von übelwollenden Mitarbeitern, Chefs, Institutionen, Nachbarn usw. umgeben, die ihm ständig Steine in den Weg legen. Dies erzählt er Ihnen in immer neuen Varianten. Vielleicht werden Sie von ihm, wenn Sie zur Garde der Mitleidenden gehören, sogar zur einzigen Retterin ausersehen. Doch seine Situation verändert sich nicht, egal wie viele Stunden sie versuchen, Lösungen für seine Probleme zu finden. Irgendwann erklären Sie sich selbst zur Versagerin, weil sie ihm offensichtlich nicht helfen können.

4. Schmeicheln

Wer hört nicht gern Komplimente? Vor allem solche, die uns das Gefühl geben, dass wir besser sind, als wir selber glauben. Ein notorischer Schmeichler findet schnell heraus, wofür Sie empfänglich sind und setzt Worte und Körpersprache ein: bewundernde Blicke, bestätigendes Kopfnicken, häufiges Lächeln usw. Der Schmeichler versteht es, persönliche Nähe und Vertrautheit herzustellen, Ihr Selbstwertgefühl zu bedienen – und gleichzeitig geschickt sein Anliegen mitzutransportieren. Dafür sind Sie vor allem als Entflammbare empfänglich. Und schon haben Sie eine vorschnelle Zusage gegeben.

> *»Wer mir schmeichelt, ist mein Feind; wer mich tadelt, ist mein Lehrer.«*
>
> Chinesisches Sprichwort

5. Ein schlechtes Gewissen machen

Ein schlechtes Gewissen bekommen Sie immer dann, wenn Sie gegen Ihre eigenen inneren Normen verstoßen oder die Erwartungen anderer enttäuschen. Vereinnahmer, die mit Schuldgefühlen zu manipulieren versuchen, können großen Druck auslösen: »Ich dachte, du wärst meine Freundin!« oder: »Ich dachte, auf Sie könnte man sich verlassen!«, sind Sätze, die für die meisten Menschen schwer zu ertragen sind. In seiner Gegenwart haben wir bald auch ohne eigenes »Vergehen« ein schlechtes Gewissen – vorbeugend sozusagen.

Besonders die Pflichtbewusste ist stark anfällig dafür. Es ist ihr schier unerträglich, für unzuverlässig oder moralisch nicht integer gehalten zu werden. Doch auch die Mitleidende hat hier einen wunden Punkt: Man soll ihr nicht unterstellen, sie würde sich nicht genug einsetzen und jemanden im Stich lassen.

6. Einschüchtern

Dies geschieht stets aus einer echten oder vorgeblichen Machtposition heraus. Wer Sie durch offene oder subtile Drohungen für die eigenen Ziele vereinnahmen möchte, hat in der Regel die reale Möglichkeit, Ihnen bei einem Nein massive Nachteile zu bescheren – oder er tut geschickt so, als ob er über solche Druckmittel verfügen würde. Wer glaubhaft mit negativen Konsequenzen drohen kann, hat speziell der Unsicheren gegenüber ein probates Druckmittel in der Hand. Sie wird reflexartig tun, was der andere will, um sich nicht weiter fürchten zu müssen.

7. Zeitdruck erzeugen

Unter Druck nehmen wir uns meist nicht die Zeit, über das Ansinnen des anderen nachzudenken. Wir kennen das gut aus der Werbung. Da lässt uns ein befristetes Warenangebot, eine begrenzte Teilnehmerzahl für ein Seminar usw., rasch glauben, etwas zu verpassen, wenn wir jetzt nicht Ja sagen. Auf Zeitdruck sprechen vor allem die Entflammbare und die Unsichere an. Erstere, weil sie sich eine vermeintliche Chance nicht entgehen lassen will und letztere, weil sie oft keine Vorstellung davon hat, was sie wirklich will.

8. Gruppendruck erzeugen

Gruppendruck ist ein sehr mächtiges Instrument, denn er zielt auf die substanziellen psychischen Grundbedürfnisse nach Zuneigung, Wertschätzung und Zugehörigkeit ab. Vor allem die Unsichere lässt sich dadurch beeinflussen: »Sie werden doch nicht als Einzige dagegen stimmen?« »Wir sitzen doch alle im selben Boot, und deshalb …« Aber auch die Entflammbare und die Pflichtbewusste sind empfänglich: Erstere, wenn etwas besonders angesagt ist und sie bei einer Zusage ganz vorne dran sein könnte und letztere, wenn man an ihre Zuverlässigkeit appelliert. Die Mitleidende zieht mit, wenn es

beim Anliegen des Vereinnahmers um einen guten Zweck geht – oft ist sie dann auch eine der ersten, die auf das Argument »alle machen mit« anspringt.

9. Hartnäckiges Nerven

Nach dem Motto »steter Tropfen höhlt den Stein« kommt derjenige, der Sie vereinnahmen will, immer wieder auf sein Anliegen zurück – bis Sie irgendwann Ja sagen, weil Ihnen diese Penetranz auf den Wecker geht. Ein hartnäckiger Nerver nutzt auch die sogenannte »Fuß-in-der-Tür«-Taktik, indem er Sie dazu verleitet, ein kleines Zugeständnis und damit einen ersten Schritt in die von ihm gewünschte Richtung zu machen. Dann ringt er Ihnen mittels seiner »Salamitaktik« immer weitere Zugeständnisse ab. In Gesprächen und Diskussionen wird häufig eine dezenter wirkende Spielart des hartnäckigen Nervens eingesetzt: So erhöht jemand, der immer wieder eine bestimmte Meinung äußert, ganz subtil die Glaubwürdigkeit seiner Behauptung. Je öfter er sie wiederholt, umso mehr wächst allgemein die Bereitschaft, die Behauptung für wahr zu halten. Warum? Durch die stetige Wiederholung tritt ein Bekanntheitseffekt auf, der dazu führt, dass wir automatisch eine freundliche, wohlwollende Haltung einnehmen. Hierfür ist vor allem die Unsichere empfänglich, da sie oft davon ausgeht, der andere würde sich besser auskennen als sie selbst.

10. Täuschen

Ein Vereinnahmer, der das Täuschen in seiner »sanfteren« Form anwendet, spielt das Ausmaß der Verpflichtung, die Sie eingehen, herunter und unterstreicht den angeblichen Nutzen für Sie: »Du brauchst doch nur …, und guck mal, was du alles dafür kriegst!« Er bagatellisiert eventuelle Nachteile oder erwähnt sie gar nicht. Bei »hartem« Täuschen handelt es sich um Betrug. Denken Sie etwa

an windige Geldanleger. Hier führt der andere Sie ganz bewusst in die Irre, damit er sich bereichern kann. Oft hat der Täuscher im Vorfeld ein Vertrauensverhältnis zu Ihnen aufgebaut, damit Sie seinen Argumenten bereitwillig folgen. Völlig gefeit gegen Täuschungsmanöver ist wohl niemand, doch besonders anfällig dafür sind die Entflammbare und die Unsichere. Erstere, weil sie oft in ihrer Begeisterung Nachteile ausblendet und letztere weil sie dem, was andere sagen, mehr vertraut als der eigenen Einschätzung.

Gut, wenn Sie die Manöver eines Vereinnahmers frühzeitig durchschauen: Dann können Sie noch relativ leicht entscheiden, ob Sie Ja oder Nein sagen. Je weiter ein Vereinnahmungsprozess fortschreitet, um so schwieriger wird es, auszusteigen. Es gilt also, sensibel zu werden für Ihre speziellen Anfälligkeiten und Ihr Selbstbewusstsein so zu stärken, dass Sie sich erfolgreich wehren können. Wie, erfahren Sie im nächsten Kapitel.

Raus aus der Zwangsjacke!

Mit dem kleinen Coach kommen Sie Ihrer persönlichen Freiheit auf die Spur.

ANHAND DER VIELSCHICHTIGKEIT DES PHÄNOMENS »Vereinnahmung« haben Sie bereits gesehen, dass es nicht darum geht, sich »nie mehr« vereinnahmen zu lassen, sondern darum, zu einer neuen Balance Ihrer psychischen Grundbedürfnisse (siehe Seite 20) zu finden. Nur so können Sie sich frei, Ihren Prioritäten entsprechend für oder gegen etwas entscheiden. Treffen Sie selbstbestimmte Entscheidungen, dann haben Sie hinterher ein gutes Gefühl – und empfinden nicht diese Melange aus Groll, Hilflosigkeit und Selbstvorwürfen, die sich einstellt, wenn Sie sich mal wieder haben einspannen lassen. Doch wie gelingt es, diese Balance zu erreichen? Bisher waren Sie bereit, Ihre persönliche Freiheit zu opfern zugunsten des Gefühls gemocht, gebraucht, geliebt und wertgeschätzt zu werden. Gleichzeitig haben Sie Ihr persönliches Selbstwertgefühl stark vom Urteil anderer abhängig gemacht. Auf den folgenden Seiten zeigt Ihnen der Kleine Coach Ihrem Profil entsprechende Wege auf, wie es gelingt, Ihr Selbstwertgefühl zu stärken und Ihre persönliche Freiheit zurückzuerobern.

Schritt für Schritt zur Freiheit

Wie im letzten Kapitel deutlich wurde, neigen wir, egal welchem Profil wir angehören, aus zwei Gründen dazu, unsere persönliche Freiheit aufzugeben und uns vereinnahmen zu lassen: Wir wollen beinahe um jeden Preis von anderen gemocht werden und uns zu einer Gemeinschaft zugehörig fühlen. Und wir machen unser Selbstwertgefühl meist zu sehr vom Urteil anderer abhängig.

Den Selbstwert stärken

In diesem Kapitel erfahren Sie, wie Sie Ihr Selbstwertgefühl stärken und Ihre persönliche Freiheit zurückerobern können. So werden Sie sich auch dann wertvoll fühlen, wenn Sie …

- als »Pflichtbewusste« die Ansinnen anderer ablehnen und den Bereich Ihrer Pflichten radikal zurückschrauben – zugunsten von mehr freier, lustvoll verbrachter Zeit für sich selbst,

- als »Entflammbare« das Schnäppchen stehen lassen, dessen Vorzüge der Verkäufer begeistert geschildert hat – und damit die Angst loslassen, etwas zu verpassen,

- als Mitleidende dem anderen klarmachen, dass Sie ihn zwar beraten können, er seine Probleme aber selbst lösen muss – und sich auch gestatten, für manche Probleme keine Lösung zu haben,

- als Unsichere Ihre Angst zulassen oder dazu stehen, sich zu einer Sache (noch) keine eigene Meinung gebildet zu haben.

Die erste Übung wird Ihnen dabei helfen, Ihre Selbstakzeptanz zu vertiefen. Sich selbst so anzunehmen, wie Sie sind, ist die Voraussetzung dafür, dass Sie nicht mehr so stark vom Urteil anderer abhängen und sich trauen, etwas zu verändern. Praktizieren Sie die Übung regelmäßig, denn sie ist umso wirksamer, je konsequenter Sie sie nach einer Selbstabwertung einsetzen.

 ## Übung: Selbstakzeptanz trainieren

Wenn Sie Ihren Selbstwert von der Vorstellung anderer abhängig machen, werden Sie sich immer ungenügend fühlen. **Achten Sie auf Ihre Stärken** (siehe ab Seite 11 bei Ihrem Profil) und akzeptieren Sie sich und Ihre (scheinbaren) Schwächen von ganzem Herzen – nur so machen Sie sich von anderen unabhängig. Das funktioniert, wenn Sie konsequent trainieren.

Wann immer Sie sich dabei ertappen, sich selbst zu verurteilen oder abzuwerten, dann sprechen Sie innerlich einen versöhnenden Satz: »**Obwohl ich ...** (hier nennen Sie das was Sie belastet, etwa »nicht perfekt genug war«, »nicht schnell genug reagiert habe«, »dieses Problem nicht lösen konnte«, »nicht wusste, wie ich mich entscheiden soll« usw.) **liebe und akzeptiere ich mich voll und ganz.**«

Sagen Sie sich diese versöhnenden Worte so oft wie möglich vor. Vielleicht wehrt sich beim ersten Mal noch alles in Ihnen, doch mit der Zeit werden Sie die Sätze, die Sie sich (auch laut) vorsagen, immer mehr verinnerlichen, bis Sie Ihnen selbstverständlich werden. Mit diesem Rüstzeug fällt es Ihnen leichter, sich auf den Weg zu machen.

So gelingt's

Eines sei vorneweg gesagt: Die folgenden Tipps, wie Sie in sieben Schritten zum Erfolg kommen, können nur hilfreich sein, wenn Sie bereit sind, sie auch wirklich in die Tat umzusetzen. Das Gewinnen von Einsichten ist natürlich die erste Voraussetzung für mehr Selbstbestimmtheit. Doch dann geht es mit Geduld und Beharrlichkeit ans Umsetzen der gewonnenen Erkenntnisse! Deshalb: Experimen-

Die sieben Schritte zum Ziel

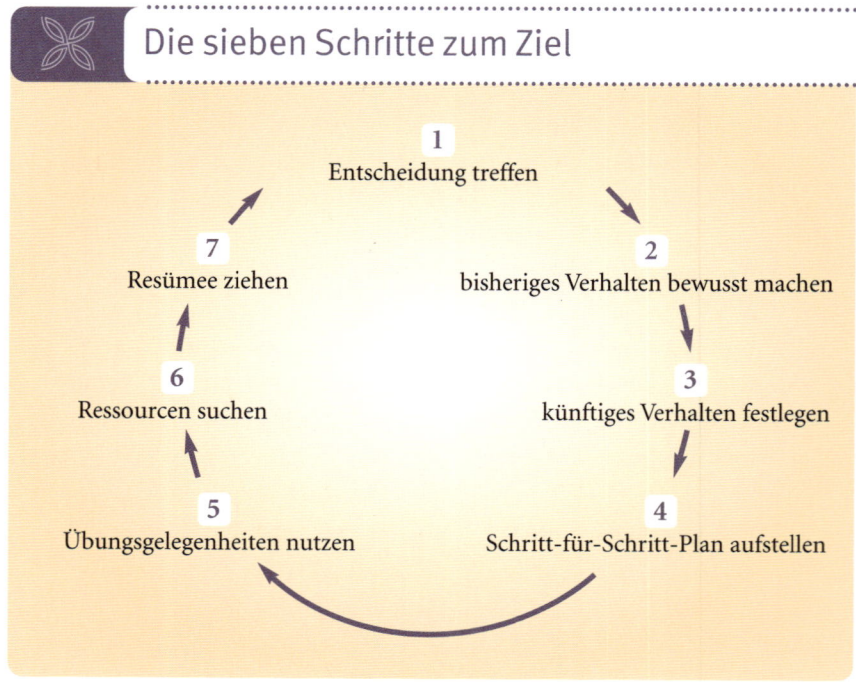

1 Entscheidung treffen

2 bisheriges Verhalten bewusst machen

3 künftiges Verhalten festlegen

4 Schritt-für-Schritt-Plan aufstellen

5 Übungsgelegenheiten nutzen

6 Ressourcen suchen

7 Resümee ziehen

tieren Sie und probieren Sie Ungewohntes aus. In diesem Kapitel finden Sie Anregungen und Übungen, die Ihnen neue Erfahrungen bescheren! Ab Seite 46 sehen Sie die sieben Schritte ganz konkret auf Ihr Profil angewandt.

Legen Sie sich am besten gleich ein Projektbuch zu, das nur dem Thema gewidmet ist, wie Sie der Vereinnahmung entkommen. Darin sammeln Sie alle Erkenntnisse und Erfahrungen, die Sie aus den Übungen im Buch und in Ihrem Alltag gewinnen. Die schriftliche Form hilft Ihnen dabei, Ihre Gedanken zu ordnen und zu vertiefen. Sind Sie bereit?

1. Schritt: Eine klare Entscheidung treffen

Oft schieben wir den Beginn einer Veränderung vor uns her. Obwohl uns klar ist, dass es so nicht weitergehen kann, scheuen wir uns, Konsequenzen zu ziehen und konkret etwas zur Verbesserung der Situation zu tun. Das gilt für alle Profile gleichermaßen. Doch um etwas verändern zu können, müssen wir uns ganz klar dazu entscheiden, sonst erleiden alle Veränderungswünsche das gleiche Schicksal wie die Neujahrsvorsätze.

Überprüfen Sie deshalb zunächst Ihre Motivation:

Wie stark ist Ihr Wunsch, etwas zu verändern, auf einer Skala von 1 bis 10? (1 sehr schwach, 10 sehr stark, ganz wichtig):

1 2 3 4 5 6 7 8 9 10

Wie hoch ist Ihre Bereitschaft auf einer solchen Skala, dafür aktiv etwas zu tun?

1 2 3 4 5 6 7 8 9 10

Je weiter rechts auf der Skala Ihr Wunsch steht, desto stärker ist Ihre Motivation. Das gleiche gilt für Ihre Bereitschaft. Oftmals liegt der erste Wert über, der zweite jedoch unterhalb der »7«: Das heißt, der Wunsch, etwas zu verändern, ist groß, die Bereitschaft, ernsthaft etwas dafür zu tun aber weniger. In diesem Fall sehen Sie sich bei den einzelnen Profilen (siehe ab Seite 46) noch einmal die vermeintlichen Vorteile an, die Sie trotz aller Unzufriedenheit von Ihrem bisherigen Verhalten hatten, um sie daraufhin zu entkräften.

2. Schritt: Das bisherige Verhalten konkretisieren

Welche Situationen sind das genau, in denen Sie mit Ihrem Verhalten unzufrieden sind? Hier geht es vor allem darum, sich Ihr persönliches Profil durch Übungen Abläufe und Strukturen bewusst zu machen. Was führt zu was? Wie bewerkstelligt es der andere, Sie zu Dingen zu überreden, die Sie gar nicht haben oder machen wollten, das heißt, auf welche Vereinnah-

mungsstrategien (siehe ab Seite 33)
reagieren Sie? Was läuft in diesem
Moment in Ihnen ab? Welche Gedanken und Gefühle führen dazu,
dass Sie sich »breitschlagen« lassen?

3. Schritt: Das künftige Verhalten bestimmen

Was soll sich Ihrem Profil entsprechend im Denken, Fühlen und
Handeln ändern? Wie wollen Sie
künftig mit Vereinnahmungsversuchen umgehen? Je besser Sie sich
etwa durch Visualisierungsübun-
gen Alternativen zu Ihrem »alten«
Verhalten vorstellen können, desto
leichter werden Sie Ihre Vorstellung
in die Tat umsetzen.

4. Schritt: Den Schritt-für-Schritt-Plan aufstellen

Eine eingefleischte Gewohnheit zu
ändern, gelingt nicht von heute auf
morgen. Deshalb gilt es für Ihr persönliches Profil genau zu überlegen, welche Schritte nötig sind und
dabei mit dem einfachsten zu beginnen. Haben Sie erst einmal ein

Erfolgserlebnis und sehen, dass es
funktioniert, können Sie sich langsam zum nächsten und schwierigeren Schritt vorarbeiten.

5. Schritt: Übungsgelegenheiten finden

Der Alltag bietet viele Situationen,
in denen Sie das neue Verhalten
üben können. Wichtig beim Üben
ist, statt des »Alles-oder-Nichts-
Prinzips« feinfühlig für kleine
Veränderungen zu werden. Es geht
nicht darum, dass sofort alles so
klappt, wie Sie es sich als ideal
vorstellen, sondern dass Sie registrieren, wie Sie ganz allmählich in
Ihre neue Haltung hineinwachsen.
Auch hier bekommen Sie hilfreiche
Übungen an die Hand, die auf Ihr
Profil zugeschnitten sind.

6. Schritt: Unterstützung suchen

Halten Sie gezielt nach Ressourcen
und Kontakten Ausschau, die Sie in
Ihrer Motivation bestärken. Denn:
ein Ziel zu formulieren, einen Plan
zu entwickeln und zu üben ist nur

die eine Seite der Medaille. Einen langen Atem zu haben, auch wenn Anfechtungen und Durststrecken kommen, ist die andere – und mindestens genauso wichtig.

Legen Sie deshalb in Ihrem Projektbuch eine Checkliste an und notieren Sie alles, was hilfreich für Sie sein könnte, um bei der Stange zu bleiben. Ziehen Sie diese Liste zwischendurch immer wieder zu Rate und ergänzen Sie sie wenn möglich.

7. Schritt: Ein Resümee ziehen

Wann immer Sie einen Vorsatz in die Tat umgesetzt haben, ist es wichtig, bisherige Schritte zu bewerten und zu planen, wie es weitergeht. Fragen Sie sich: Wie war es vorher, wie ist es jetzt? An welchen

Checkliste: Ihre Unterstützer

- Erinnerungen an Situationen, in denen Sie sich Vereinnahmungsversuchen erfolgreich widersetzt haben.
- Kleine und manchmal größere Belohnungen, die Sie sich in Aussicht stellen, wenn Sie in einer Vereinnahmungssituation Mut gezeigt, impulsiven Zusagen oder Versuchungen widerstanden haben.
- Familienangehörige, Freundinnen und Freunde, die Sie ermutigen und unterstützen.

- Ein Foto oder Maskottchen, das Sie immer dabei haben und das Sie auf diese Weise mehrmals täglich an Ihre neue Haltung erinnert.
- Communities im Internet, in denen Sie sich über Ihr Vorhaben austauschen können.
- Dinge, mit denen Sie Wertschätzung für sich selbst ausdrücken, zum Beispiel eine edle Rose auf Ihrem Schreibtisch oder eine Duftlampe mit dem Lieblingsaroma.

Punkten hat sich etwas in Ihrem Sinne verändert? Wo sieht es noch nicht so gut aus? Wo ist ein anderes Herangehen gefragt?

Nach dem Resümee entscheiden Sie wieder neu, ob Sie mit dem Erreichten zufrieden sind und sich etwas Neues vornehmen oder ob noch weitere oder ganz andere Schritte notwendig sind, um dahin zu kommen, wo Sie hinwollen. Es macht Spaß, Erfahrungen zu sammeln, die eigenen Fortschritte zu sehen und sich dabei auch immer besser kennenzulernen.

Die Entlastungsstrategie für die Pflichtbewusste

Als Pflichtbewusste sehen Sie zwar, dass Sie sich zu viel aufgeladen haben und dass es immer mehr zu werden scheint. Doch wenn Sie jemand um einen Gefallen bittet, sagen Sie trotzdem reflexartig Ja. Hinterher ärgern Sie sich, weil Sie nicht wissen, wie Sie dieses Ansinnen in Ihrem ohnehin knallvollen Tagesplan unterbringen sollen.

Na ja, denken Sie dann, irgendwie wird es schon gehen. Das Fatale ist, es geht auch meistens, jedoch auf Ihre Kosten. Irgendwann, wenn Sie Ihre Erschöpfung besonders deutlich spüren, schaffen Sie es vielleicht, ein paar Mal Nein zu sagen, einfach, weil Sie mit Ihren Kräften am Ende sind. Bei Pflichtbewussten zieht oft der Körper die Notbremse. Doch kaum haben Sie sich etwas erholt, reißt erneut das alte Verhalten ein: Sie fühlen sich wieder fit und damit belastbar. Vielleicht haben Sie schon viele solcher Schleifen gedreht und glaubten bisher, dass sich nie etwas ändern wird, weil Sie halt »einfach nicht anders können«. Doch nun halten Sie den »kleinen Coach« in Händen und sind neugierig auf den Inhalt der »Entlastungsstrategie«. Dies zeigt, dass Sie ernsthaft einen Weg suchen, sich vom Vielzuviel in Ihrem Leben zu befreien.

1. Schritt: Eine stimmige Entscheidung treffen

Hartnäckige Gewohnheiten können Sie nur ändern, wenn Sie fest dazu entschlossen sind. Denken Sie deshalb zuerst noch einmal an all die vielen Situationen, wo Sie sich von jemandem wider Willen ein Ja haben abringen lassen und überlegen Sie, welche Konsequenzen dies für Sie hatte. Denken Sie an Ihren pflichtbeladenen Alltag: Soll das wirklich bis in alle Ewigkeit so weitergehen?

Wenn Sie es satt haben, sich ständig von anderen genötigt zu fühlen, deren Anliegen über Ihre eigenen Bedürfnisse zu stellen, überprüfen Sie Ihre Motivation und schauen Sie auf die Wunsch- und Bereitschaftsskala auf Seite 43. Kommen Sie bei beiden mindestens auf den Wert »7«? Wunderbar, es kann losgehen! Liegen Sie jedoch darunter, ist Ihr Leidensdruck zwar bestimmt groß, aber anscheinend überwiegen dennoch die Vorteile, in der alten Situation zu verbleiben.

Vorteile der alten Situation

Was hatten Sie bislang davon, sich für die Anliegen anderer einspannen zu lassen? Hinter dem inneren Widerstand gegen eine Verhaltensänderung – obwohl wir sie ernsthaft anstreben! – steckt meist unser Glaube, dass die Vorteile, die das alte Verhalten hatte, gegenüber denen des neuen Verhaltens überwiegen (siehe auch Seite 31). Die Gründe dafür, sich von anderen vereinnahmen zu lassen, kennen Sie gut: Sie erhalten Lob und Anerkennung (»Sie sind ein Engel!«), Sie gehen Konflikten und Streit aus dem Weg, Sie werden nicht von schlechtem Gewissen geplagt und

> »*Probleme* sind Gelegenheiten, zu *zeigen, was man kann.*« Duke Ellington

brauchen sich nicht vor negativen Reaktionen zu fürchten.

Angesichts dieser Vorteile auf kurze Sicht fällt es natürlich schwer, den ersten Schritt heraus aus der alten Gewohnheit zu wagen.

Sie können Ihre Motivation allerdings stärken, indem Sie sich bewusst machen, welchen Preis Sie weiterhin zahlen werden, wenn Sie nichts ändern.

Motivieren Sie sich

Listen Sie in Ihrem Projektbuch auf, wie viel Zeit es Sie jeweils ganz konkret kostet, Aufgaben für andere zu erledigen. Das zusammenzuzählen, kann schon beeindruckend sein! Dazu kommt noch, wie viel Energie Ihnen geraubt wird. Es fühlt sich nicht gut an …

● ständig am Abend todmüde ins Bett zu sinken, weil der Tag mal wieder viel zu voll war.

● kaum Kraft zu haben für eigene Vorhaben, Projekte, Hobbys oder für die Menschen, für die Sie viel lieber etwas tun würden.

● immer wieder Ärger über Ihre vielen Zusagen zu empfinden.

● häufig das bittere Gefühl zu verspüren, von anderen ausgenutzt zu werden.

Schreiben Sie als Nächstes in Ihr Projektbuch, welche Vorteile es für Sie hat, Ihren Pflichtenwald auszudünnen. Zum Beispiel, wie viel Zeit Sie gewinnen für Dinge, die Ihnen wirklich am Herzen liegen, wie sehr Sie gesundheitlich davon profitieren werden, wenn die ewige Überlastung endlich ein Ende hat und wie längerfristig Ihr Ansehen steigen wird, wenn die anderen bemerken, dass Sie mit Ihnen nicht beliebig umspringen können.

2. Schritt: Das alte Verhalten erkennen

Von wem haben Sie sich bisher wofür vereinnahmen lassen? Schauen Sie sich die Vereinnahmungsstrategien ab Seite 33 noch einmal an. Wenn jemand beispielsweise nörgelt oder es versteht,

> *»Wichtig ist es, zu **erkennen, dass ich** selbst **Einfluss** habe auf die **Realität,** die ich **erfahre.**«*
>
> Tarab Tulku Rinpoche

Ihnen ein schlechtes Gewissen zu machen, sind Sie dafür als Pflichtbewusste besonders empfänglich. Die Übung auf der nächsten Seite erleichtert es Ihnen, einmal genauer zu betrachten, wie Vereinnahmung bei Ihnen abläuft: Dazu notieren Sie sich im Laufe der Woche Beispiele aus Ihrem Alltag, wo Sie zu einem Ansinnen wider Willen Ja gesagt haben. **Wichtig ist, dass Sie so genau wie möglich beschreiben, wie die Situationen beschaffen sind, in denen Sie sich von jemand anders vereinnahmen lassen** und welche Gedanken und Gefühle dabei im Spiel sind.

Typische Muster

Nach dieser Übung haben Sie eine genauere Vorstellung davon, welche Mechanismen es konkret sind, die Sie anfällig für Vereinnahmung machen. Mithilfe welcher Gedanken und Gefühle Sie sich in einer Situation selbst dazu bringen, sich genau so zu verhalten, wie es der andere von Ihnen will oder erhofft. Da können Unbehagen und Angst auftauchen beim Gedanken daran, einen Gefallen zu verweigern, das Gefühl, eigentlich kein Recht auf ein Nein zu haben, die Befürchtung, der andere könnte sich beleidigt von Ihnen abwenden oder sogar aggressiv werden … Wahrscheinlich sind Sie mit den Gedanken- und Gefühlsmustern im Hintergrund, die Sie in der Übung erkennen, schon viele unliebsame Verpflichtungen eingegangen. Hinterher haben sie immer einen hohen Tribut an Zeit und Energie von Ihnen gefordert.

Übung: Das Verpflichtungsgefühl erforschen

- Um welche Vereinnahmungssituation handelte es sich genau?
- Wer war Ihr Gegenüber?
- Wie ist der andere aufgetreten, wie Sie selbst? War er forsch oder ganz besonders nett? Hat er an Ihre Hilfsbereitschaft, Ihr Verständnis, Ihr Pflichtgefühl oder andere Tugenden appelliert?
- Was dachten Sie in der Situation, was fühlten Sie?
- Was haben Sie im Falle eines Nein Ihrerseits befürchtet? Dass der andere sauer oder enttäuscht ist oder dass er sich abwendet?
- Warum wäre es in dieser Situation dennoch besser gewesen, Nein zu sagen? Was hätten Sie gewonnen?
- Wo genau war der »Knackpunkt«, also wie, wann und warum hatte der andere Sie da, wo er Sie hinhaben wollte? Was hat er gesagt oder auch getan, dass Sie sich gezwungen fühlten, klein beizugeben?
- Überlegen Sie:
  - Sind es vielleicht auch bestimmte Personen, bei denen Sie schwach werden?
  - Sind es bestimmte Strategien oder Taktiken, die Ihr Gegenüber einsetzt?
  - Hängt es vielleicht auch von Ihrer Tagesform ab?
  - Hat es etwas damit zu tun, ob noch andere mit dabei oder Sie alleine mit der betreffenden Person sind?
- Kennen Sie solche Situationen bereits von früher, vielleicht aus Ihrer Kindheit? Was war damals anders, was ist vergleichbar?

3. Schritt: Das künftige Verhalten bestimmen

Um wirklich motiviert zu sein, ist es wichtig, sich Ihre neue Situation ohne Vereinnahmungen und Verpflichtungen so leuchtend und positiv wie möglich vorzustellen. Malen Sie sich aus, wie es sein wird, wenn Sie sich von dem auf Ihnen lastenden Druck befreit und Ihre innere Entscheidungsfreiheit gestärkt haben. Die Übung auf Seite 52 hilft Ihnen dabei. Wenn es Ihnen schwerfällt, sich Ihre Zielsituation vorzustellen, schlüpfen Sie zunächst gedanklich in die Haut eines Vorbilds. Was könnte diese klar und selbstbestimmt auftretende Person denken und fühlen? Anschließend schlüpfen Sie wieder in Ihre Haut zurück und stellen sich vor, nun selbst so zu denken, zu fühlen und zu handeln wie er oder sie. Erleben Sie, wie gut sich das anfühlt! Je konkreter Ihre Zielvorstellung ist, und je deutlicher Sie sie vor Augen haben, desto einfacher lässt sich der Weg dorthin bahnen. **Bleiben Sie dabei immer in Kontakt mit Ihren Motiven, warum Sie sich entlasten und künftig häufiger Nein sagen wollen.**

Pflichtbewusste Untugenden ausbürgern

Um wieder mehr Handlungsfreiheit zu haben, gilt es, sich Ihren Pflichtenwald näher anzuschauen. Schreiben Sie eine Liste aller regelmäßigen Tätigkeiten, Verpflichtungen, Verantwortlichkeiten und Engagements, die Sie im Alltag Zeit und Energie kosten. Betrachten Sie auch Ihre längerfristigen Bindungen, Mitgliedschaften und Termine. Dann gehen Sie die einzelnen Punkte durch.

Sicherlich sind Dinge darunter, die nützlich und sinnvoll sind – oder die Sie tatsächlich tun müssen. So können Sie beispielsweise nicht einfach zu Ihrem Chef gehen und erklären, dass Sie sich ab sofort für einen bestimmten Aufgabenbereich nicht mehr zuständig fühlen, wenn

 Übung: Druck und Entspannung visualisieren

- Setzen Sie sich für diese Übung an einen ruhigen Ort und sorgen Sie dafür, dass Sie eine gute halbe Stunde nicht gestört werden.
- Atmen Sie einige Male bewusst ein und aus, um zur Ruhe zu kommen.
- Denken Sie an eine kürzlich übernommene Aufgabe, die Sie besonders ärgert.
- Spüren Sie die Wut und den Druck in Ihrem Körper, den diese Verpflichtung auslöst.
- Nun stellen Sie sich vor, diese ärgerliche Verpflichtung wäre plötzlich weg.
- Was nehmen Sie wahr?
- Was denken Sie?
- Wie fühlt es sich an, wenn der Druck weg ist? Wo im Körper spüren Sie das?
- Entwickeln Sie nun aus dem, wie Sie sich in Ihrer Vorstellung wahrnehmen, ein Ziel. Nur zu sagen: »Ich will nicht mehr der sein, an dem alles hängen bleibt«, genügt nicht.
- Formulieren Sie positiv: »Ich entscheide ganz bewusst, ob ich etwas wirklich übernehmen will.« Oder: »Ich sage Nein zu Aufgaben, die andere mir aufhalsen wollen.«
- Stellen Sie sich so deutlich und positiv wie möglich vor, wie es sein wird, wenn Sie Ihrem Gegenüber freundlich, aber unmissverständlich erklären, dass Sie für eine bestehende Verpflichtung künftig nicht mehr zur Verfügung stehen.
- Genießen Sie das Gefühl von Souveränität und Freiheit, das Sie dabei empfinden, und die Entspannung, die sich hinterher einstellt.

dieser in Ihrer Tätigkeitsbeschreibung steht. Klammern Sie diese unbedingten »Muss«-Verpflichtungen aus – und wenden Sie sich dann den verbleibenden zu.

Überprüfen Sie

- Was tue ich nur aus Gewohnheit oder einem Pflichtgefühl heraus, und nicht, weil es mir Freude macht oder es meine Aufgabe ist?
- Welche Verpflichtungen kosten mich Zeit und Energie, geben mir aber nichts oder kaum etwas?
- Was sind Verpflichtungen, für die nicht nur ich zuständig sein sollte? Könnte mir jemand dabei helfen oder sie ganz übernehmen?
- Wo steht mir mein schlechtes Gewissen im Weg, wenn es darum geht, die Verpflichtung zu beenden?
- Welche Verpflichtungen kündige ich nicht, aus Angst vor Kritik?

Prüfen Sie Ihre Verpflichtungsliste in aller Ruhe auf Herz und Nieren. Welche der vermeintlichen Erwartungen anderer an Sie bestehen vielleicht nur in Ihrer Fantasie?

Sich bewusst entscheiden

Legen Sie zunächst nur fest, was Sie weiter beibehalten wollen und was nicht, und markieren Sie diese Punkte mit zwei Farben – zum Beispiel Grün für »weiterführen« und Rot für »entpflichten«.

Einerseits sind bei Ihren Streichkandidaten sicher solche dabei, von denen Sie sich relativ leicht werden lösen können, andererseits auch solche, bei denen Sie sich entsprechende Schritte noch nicht zutrauen (»aber ich kann doch nicht einfach …!«).

Momentan geht es nur darum, ganz bewusst zu entscheiden, welche Verpflichtungen Sie beibehalten wollen – und voll und ganz dazu zu stehen. Und ebenso bewusst zu entscheiden, welche Verpflichtungen Sie loslassen wollen und Ihren Wunsch nach Veränderung zu formulieren – auch wenn Sie noch keinen Weg sehen, wie Sie dies umsetzen könnten.

Die inneren Vorbehalte, die verhindern, dass Sie sich einfach frank und frei daran machen, Ihren Pflichtenwald auszudünnen, lassen sich bei Pflichtbewussten meist ganz klassisch unter einem großen Dach versammeln: Schuldgefühle.

Knackpunkt: Schuldgefühle

Ein Schuldgefühl entsteht, wenn wir die – bewussten oder unbewussten – Regeln unserer inneren Wertewelt übertreten. Es taucht also auf, wenn wir unser Verhalten gemäß diesen Regeln als falsch werten und uns deshalb verurteilen. Genau genommen ist es daher eigentlich kein »Gefühl«, sondern die Kombination einer Bewertung und einer Schlussfolgerung aus dieser Bewertung, die bewirkt, dass wir uns schlecht fühlen.

Wurzeln und Wirkung von Schuldgefühlen

Viele Schuldgefühle wurzeln jenseits der Vernunft und sind ganz unabhängig von der realen Situation. Vielmehr beziehen sie sich auf Regeln, die wir in unserer Kindheit gelernt haben und an die wir uns manchmal gar nicht mehr richtig erinnern. Sie arbeiten unterschwellig und bewirken, dass wir meinen, etwas Bestimmtes tun oder unterlassen zu müssen.

Schuldgefühle erschweren uns Veränderungen, indem sie Hürden aufbauen, unsere Vorstellungskraft vernebeln und vortäuschen, keine Wahl zu haben. **Schuldgefühle kosten nicht nur viel Energie, sondern beeinträchtigen oft dauerhaft unser seelisches und körperliches Befinden.** Sie haben eine so starke Macht, dass wir sie normalerweise unbedingt vermeiden möchten, koste es was es wolle.

Die folgende Übung hat zwei Funktionen: Zum einen lassen Sie den Druck zu, der bei Schuldgefühlen entsteht, und erleben dabei, dass dieser nicht »lebensbedrohlich« ist. Zum anderen stärken Sie das Bewusstsein, alte Glaubenssätze hinter sich lassen zu dürfen. Wiederholen Sie diese Übung aus der Meditation von Zeit zu Zeit.

Übung: Schuldgefühle wahrnehmen

- Atmen Sie bewusst und kommen Sie zur Ruhe.
- Denken Sie daran, wozu Sie sich gerade wieder verpflichtet haben, ohne es zu wollen.
- Stellen Sie sich vor, Sie würden dieser Verpflichtung nicht mehr nachkommen.
- Lassen Sie den Druck zu, der entsteht und beobachten Sie:
- o Wie äußert sich dieser Druck, wo genau fühlen Sie ihn in Ihrem Körper?
- o Was denken Sie, wenn Sie ihn spüren?
- o Entspricht das, was Sie denken, in etwa dem, was Ihnen vor langer Zeit häufig gesagt worden ist?
- o Wessen Stimme ist es, die da zu Ihnen »spricht«?
- o Woher kommt diese Vorstellung davon, wie Sie sich jetzt verhalten »müssten«?

- Wenn Sie auf alte Sätze aus Ihrer Kindheit gestoßen sind, sagen Sie sich ganz ausdrücklich: »Das darf endgültig vorbei sein.«
- Dann beschäftigen Sie sich wieder mit der Wahrnehmung des Druckgefühls.
- o Ist es noch so stark, wie es war, als Sie mit der Übung begonnen haben?
- o Ist es deutlich schwächer oder stärker geworden?
- Nehmen Sie nur wahr, was sich tut, genau so wie es ist. Auch wenn das Gefühl sich nicht zum Positiven verändert hat, hadern Sie weder mit sich noch mit der Welt.
- Betrachten Sie einfach das, was sich in Ihnen abspielt, atmen Sie dabei ruhig weiter – und nehmen es hin, dass es so ist, wie es ist.

> *»Eine **Reise** von tausend Meilen beginnt mit dem **ersten Schritt**.«* Lao-tse

Indem Sie Ihre Schuldgefühle nicht verdrängen oder sich dafür verurteilen, sondern sie wahrnehmen und akzeptieren, gelingt es Ihnen schließlich, diese zu entmachten (siehe Seite 60).

Sich selbst verpflichtet sein

Nutzen Sie Ihre Fähigkeit, sich verpflichtet zu fühlen einmal im positiven Sinne und verpflichten Sie sich sich selbst gegenüber. Das schlechte Gewissen bleibt außen vor, denn: Um auf den Geschmack lustvoll verbrachter Eigenzeit zu kommen, genügt anfangs vielleicht eine halbe Stunde, die Ihnen gehört. In der Sie ausschließlich Dinge tun, die keinen Nutzen haben müssen, sondern die Ihnen einfach nur Spaß machen. Das kann ein Spaziergang sein, Musik hören, in einer Zeitschrift blättern, sich entspannen, ein Nickerchen

machen … In dieser Zeit richten Sie sich nur nach dem, wonach Ihnen gerade ist. Es kommt nicht darauf an, was Sie in dieser Zeit tun. Wichtig ist, dass das Gefühl in Ihnen Raum greifen kann, dazu berechtigt zu sein, Ihre Bedürfnisse nach vorn zu stellen. Dazu gehört, dass Sie sich diese Zeit für sich selbst wirklich jeden Tag gönnen, egal was sonst auf Ihrer Tagesordnung steht. Es geht um das Bewusstsein, es sich wert zu sein.

Die Denkweise ändern

Bedenken Sie, dass sich nur aufgrund vieler, vieler Wiederholungen die Denkweise entwickelt hat, dass die Bedürfnisse der anderen stets Vorrang vor Ihren eigenen haben: Da ist eine dicke neuronale Autobahn in Ihrem Gehirn entstanden. Der kleine Trampelpfad der genussvollen Eigenzeit, den Sie gerade anlegen, hat nur dann eine Chance, einmal genauso breit und stark zu werden, wenn Sie ihn stetig pflegen. Und dazu verhilft Ihnen Ihre Selbstverpflichtung.

Ihre Selbstverpflichtung

Nehmen Sie sich Ihr Projektbuch vor und stellen Sie Ihre Fähigkeit, pflichtbewusst zu sein, in den eigenen Dienst. Formulieren Sie eine Verpflichtung sich selbst gegenüber. Diese könnte beispielsweise lauten: »Ich verpflichte mich ab sofort mir selbst gegenüber:

- meine Wünsche und Bedürfnisse ebenso ernst zu nehmen wie die von anderen. Sie sind genauso wichtig und genauso legitim.
- täglich mindestens eine halbe Stunde Zeit nach meinem eigenen Gusto zu verbringen.
- mir Zeiten der Ruhe und der Entspannung zu gönnen.
- mir das Recht zu nehmen, Ansinnen anderer auch ablehnen zu können – und das tue ich, weil ich es mir wert bin!«

Natürlich können Sie Ihre Selbstverpflichtung auch immer wieder ändern, erweitern, kürzen usw. – einzige Einschränkung: Sie soll nur Dinge enthalten, die Ihnen guttun und Ausdruck Ihrer Wertschätzung für sich selbst sind – keine neuen Pflichten, die an Erwartungen anderer geknüpft sind! Drucken Sie Ihre Selbstverpflichtung aus und stecken Sie sie in Ihre Handtasche, sodass Sie immer mal wieder einen Blick darauf werfen können. Das ist wichtig, um das neue Selbstbewusstsein immer selbstverständlicher werden zu lassen.

Balance schaffen

Wenn Sie sich eine Waage vorstellen, in der links in der Waagschale all die Dinge liegen, für die Sie sich aus Schuldgefühlen und Befürchtungen heraus verpflichtet haben und rechts die Dinge, die Sie tun, weil sie Ihnen Spaß machen, dann war bisher ein deutliches Ungleichgewicht zu erkennen. Während sich die Pflichtenschale schwer gen

Boden neigte, war die Lebensfreudeschale kaum gefüllt. Der Schritt-für Schritt-Plan, den Sie nun entwickeln, wird die Balance wiederherstellen. Bei der Ent-Pflichtung geht es um drei Schwerpunkte:

- Ballast abzuwerfen in Form von Verpflichtungen, die Sie nicht mehr erfüllen wollen,
- Ihre Schuldgefühle zu entmachten und
- Neu-Verpflichtungen erfolgreich abzuwehren.

4. Schritt: Der Drei-Schritte-Plan

Wenn Sie mehr Zeit und Energie für die Dinge haben wollen, die Ihnen wirklich etwas geben, müssen Sie irgendwo beginnen, Ihren Pflichtenwald auszudünnen. Das wird Ihr erster Schritt sein.

Verpflichtungen ausdünnen
Am besten fangen Sie bei dem an, was Ihnen relativ leichtfällt und arbeiten sich erst später Schritt

für Schritt zu den schwierigeren Dingen vor. Gehen Sie die Punkte auf der Liste Ihrer Streichkandidaten (siehe Seite 51) noch einmal durch und ordnen Sie die einzelnen Verpflichtungen auf einer einfachen Skala von 1 bis 10 ein, je nachdem, wie leicht oder schwer es Ihnen nach eigener Einschätzung fallen wird, sich davon zu lösen. Dies geschieht jetzt ganz unabhängig davon, wie wichtig oder wie nebensächlich die jeweilige Verpflichtung objektiv betrachtet ist. Es geht bei der Skala nur darum, herauszufinden, was Ihnen leichtfällt und was schwierig ist:

1 2 3 4 5 6 7 8 9 10

Im linken Bereich der Skala sollten die Verpflichtungen stehen, die Sie am einfachsten ablegen können, bei denen Sie am wenigsten innere Vorbehalte verspüren.
Gehen Sie beherzt daran, diese einfach abzulegenden Verpflichtungen klar und bewusst zu beenden: Etwa eine Mitgliedschaft, die schon länger ruht, oder Termine, die Sie nur

> *»Glücklichsein* ist eine Gabe des Schicksals und kommt nicht von außen; man muss es sich selbst **erkämpfen.** Das ist aber auch tröstend, denn **man kann** es sich erkämpfen.«
>
> Wilhelm Freiherr von Humboldt

wahrgenommen haben, weil jemand Sie dazu überredet hat, usw. Entlasten Sie sich Schritt für Schritt und genießen Sie die Erleichterung, die sich dabei einstellt. Diese ersten Erfolgserlebnisse werden Sie für die notwendigen schwierigeren Schritte stärken.

Schuldgefühle abbauen

Wenn Sie daran gehen, die schwierigeren Vorhaben umzusetzen, werden sich ganz unweigerlich all die Vorbehalte melden, die bisher einer Veränderung entgegenstanden, und werden Ihnen Magenschmerzen bereiten – sonst hätten Sie es schon längst angepackt. Wichtig ist nun, diese Vorbehalte anzuerkennen –

und trotzdem zu handeln. Dabei kann Ihnen die folgende Übung helfen, die auf der Übung von Seite 55 aufbaut. Dort haben Sie gelernt, Ihre Schuldgefühle einfach nur wahrzunehmen. Nun machen Sie damit im Alltag praktische Erfahrungen, sodass sich das neue Bewusstsein verankern kann.

Neu-Verpflichtungen gekonnt abwehren

Anliegen und Bitten werden ja oft zwischendurch an Sie herangetragen: »Könnten Sie nicht vielleicht schnell …?« In solchen Momenten schaltet sich bislang automatisch Ihr »Verpflichtungsprogramm« ein, noch bevor Sie einen klaren

Übung: Schuldgefühle entmachten

Wie Sie Ihre Schuldgefühle wahrnehmen, wissen Sie aus der Übung von Seite 55.

- Sagen Sie sich nun, wenn Sie sich von Verpflichtungen entlasten wollen oder in einer akuten Entscheidungssituation sind, etwas wie: »Aha, da ist ein Druck, da meldet sich ein Schuldgefühl« – als reine Feststellung.

- Nehmen Sie das Gefühl als Begleiterscheinung des Lebens, die kommt und geht wie so vieles, zum Beispiel ein Muskelkater, Müdigkeit oder das Völlegefühl nach einem üppigen Essen.

- Wenn sich die üblichen Gedanken melden, die das Schuldgefühl dramatisieren und Sie regelmäßig entmutigen, sagen Sie ganz bewusst »Stopp!« – laut oder in Gedanken, wie es eben passt. Am besten ändern Sie zur Bekräftigung des Gedankenstopps Ihre Körperhaltung.

- Sagen Sie sich dann: »Mich drückt ein Schuldgefühl, und dem halte ich stand.«

- Erleben Sie gelassen, wie sich dieser Druck anfühlt (siehe Seite 55) – und dass Sie ihn durchaus ertragen können – ohne dass Sie sich in Aktionismus zur Besänftigung dieses Schuldgefühls stürzen müssen.

- Atmen Sie einfach ein und aus und fühlen Sie Ihre Stärke, diesem Druck standzuhalten.

- Sagen Sie sich schließlich: »Ich spüre diesen Druck und ich entscheide trotzdem so, dass es gut für mich ist. Denn ich bin es mir wert!«

Gedanken fassen können, und schon haben Sie wieder Ja gesagt. Wichtig: Gewinnen Sie überhaupt erst einmal Zeit zum Überlegen. Sagen Sie etwas wie:

- »Das kann ich jetzt noch nicht zusagen. Ich melde mich später.«
- »Da brauch' ich jetzt Zeit. Ich sage Ihnen bis Mittag Bescheid.«

Zeigen Sie Verständnis für das Anliegen, aber sagen Sie nicht zu, sondern verschaffen Sie sich Luft, um in Ruhe abzuwägen.

Analysieren Sie

Gewöhnen Sie sich an, in solchen Situationen stets innezuhalten und zu analysieren, worum es geht. Fragen Sie sich beispielsweise:

- Geht es um einen Gefallen, ein Anliegen, eine Verpflichtung?
- Handelt es sich um etwas, das mit überschaubarem Aufwand verbunden ist oder etwas, von dem unklar ist, was es alles nach sich ziehen könnte?
- Möchte ich das tun – oder widerstrebt es mir innerlich?

- Wer ist es, der mich da überreden will? Wie bedeutsam ist er/sie für mich? Was für eine Art Beziehung besteht zwischen uns? Eher von gleich zu gleich oder gibt es ein reales Machtgefälle, bei dem ich die schwächere Position einnehme?
- Was muss möglicherweise zurückstehen, wenn ich Ja sage? Was von beidem ist mir wichtiger?

Entscheiden Sie sich erst, nachdem Sie die einzelnen Punkte durchgegangen sind.

Geduld und Übung

Wenn Ihnen nach einer spontanen Zusage zu spät einfällt, dass Sie sich eigentlich hätten Bedenkzeit nehmen sollen, nehmen Sie sich solche kleinen »Unfälle« nicht übel! Überlegen Sie vielmehr, was Sie dabei unterstützen könnte, sich künftig rechtzeitig an die Bedenkzeit zu erinnern.

Seien Sie geduldig mit sich. Es dauert einige Zeit, bis Ihr »Autopilot« dauerhaft vom alten Verhalten auf das neue umgeschaltet hat.

Warten Sie nicht darauf, dass andere Ihnen die Erlaubnis geben, etwas abzulehnen, denn wer bisher gut damit gefahren ist, dass Sie unliebsame Verpflichtungen übernommen haben, hat kein Interesse, dass sich daran etwas ändert.

Erlaubnisse erteilen

Gegen verinnerlichte Wohlverhaltens-Diktate helfen ausdrückliche Erlaubnisse, die Sie sich selbst geben wie beispielsweise:

- » Ich darf das ablehnen.«
- »Ich darf mir Zeit lassen.«
- »Ich darf auch an mich selbst zuerst denken.«

Studieren Sie dazu auch die Nein-Strategien ab Seite 122, wählen Sie diejenigen aus, die Ihnen am meisten liegen und üben Sie damit!

5. Schritt: Ihre Übungsgelegenheiten

Überlegen Sie sich, in welchen Situationen Sie in den nächsten vier Wochen Ihr neues Verhalten üben können. Wählen Sie drei Gelegenheiten aus und visualisieren Sie mittels der Übung auf Seite 52, wie Sie sich gerne verhalten würden. Stellen Sie sich die Situation so deutlich wie möglich vor. Wählen Sie für den Anfang keine allzu anspruchsvollen Übungssituationen. Beginnen Sie am besten mit den leichtesten und überlegen Sie sich auch jeweils eine kleine Belohnung für jede bewältigte Aufgabe.

6. Schritt: Ihre Unterstützer aktivieren

Schauen Sie regelmäßig auf Ihre Checkliste von Seite 45, die sich natürlich ständig verändern oder erweitern darf.

Sehr effektiv, um in Tuchfühlung mit Ihren eigenen Wünschen und Bedürfnissen zu bleiben, ist auch die Übung auf der nächsten Seite. Sie schaffen sich damit ein Hilfsmittel, das Sie daran erinnert, im Alltag innezuhalten und in sich hineinzuhorchen.

7. Schritt: Resümee ziehen

Bewerten Sie von Zeit zu Zeit, wo Sie gerade stehen. Was hat sich verändert? Was hat Ihnen dabei geholfen, Ihren Pflichtenwald auszudünnen, was war hinderlich? Wie sieht es mit Ihren Schuldgefühlen aus? Sind sie zurückgegangen? Fühlt es sich für Sie selbstverständlicher an, Ihren Impulsen nachzugehen? Welche Neu-Verpflichtungen haben Sie abgewehrt und wie haben Sie das gemacht? Wenn es nicht so gut geklappt hat, lassen Sie sich davon nicht entmutigen. Und lesen Sie unbedingt die Tipps ab Seite 120.

 Übung: Der Bedürfnis-Check

- Nehmen Sie fünf farbige Klebepunkte und bringen Sie jeweils einen an einer Stelle an, auf die Ihr Blick oft fällt, wie etwa die Ablage im Büro, der Kühlschrank, Ihr Brillenetui, das Lenkrad Ihres Autos usw.
- Jedes Mal, wenn Sie dann im Laufe des Tages auf einen der Klebepunkte aufmerksam werden, halten Sie kurz inne und fragen Sie sich:
  - Was brauche ich gerade?
  - Was möchte ich in diesem Augenblick tun?

- Spüren Sie in sich hinein, bis eine Antwort auftaucht. Nehmen Sie sie zur Kenntnis – folgen Sie ihr, wenn Sie mögen – oder auch nicht.

Wichtig ist, dass Sie von Mal zu Mal Ihre Bedürfnisse und Ihre Wünsche immer klarer wahrnehmen, sodass Sie mehr und mehr ein Gespür dafür entwickeln, gut zwischen Ihren eigenen Interessen und denen anderer abwägen zu können.

Die Erdungsstrategie für die Entflammbare

Wenn Sie sich als »Entflammbare« diesen Kleinen Coach gekauft haben, sind Sie vermutlich gerade sehr motiviert und aufgeschlossen für Veränderungen in Ihrem Leben. Haben Sie etwas Neues entdeckt, wollen Sie es sofort ausprobieren. Wahrscheinlich empfinden Sie auch einen gewissen Leidensdruck, wenn Sie daran denken, welche unangenehmen Folgen ein vorschnelles Ja oft schon nach sich gezogen hat. Jetzt wollen Sie keine weiteren teuren oder aufwendigen Reinfälle mehr erleben – eine gute Voraussetzung, um aktiv zu werden!

1. Schritt: Eine klare Entscheidung treffen

Lassen Sie noch einmal die Situationen an Ihrem geistigen Auge vorüberziehen, wo ein unbedachtes Ja besonders unangenehme Konsequenzen für Sie hatte. Wäre es nicht gut, weniger impulsiv aus dem Augenblick heraus zu handeln? Und stattdessen Entscheidungen zu treffen, mit denen Sie auch beim zweiten Hinsehen glücklich sind? Überprüfen Sie anhand der Wunsch- und Bereitschaftsskala auf Seite 43, wie hoch Ihre Motivation ist, etwas zu verändern.

Wahrscheinlich ist es für Sie kein Problem, bei beiden Skalen mindestens eine »7« zu erreichen – an Motivation und Entschlusskraft mangelt es Ihnen meistens nicht. Die Herausforderung besteht eher darin, bei der Stange zu bleiben.

Vorteile der alten Situation

Um zu verstehen, warum Sie bisher nichts an Ihrer Situation verändert haben, schauen wir uns an, was Sie bislang davon hatten, impulsive Entscheidungen zu treffen. Ihr spontanes Ja hat Ihnen im Moment der Zustimmung jedes Mal ein glückseliges Gefühl beschert und Sie haben fest daran geglaubt, das Richtige zu tun. Manchmal haben im Hintergrund zwar ein paar Bedenken gegrummelt, aber die haben Sie einfach beiseitegeschoben.

Ihr Belohnungssystem

Wie die moderne Hirnforschung herausgefunden hat, stimuliert die Erwartung eines Vorteils unser zerebrales Belohnungssystem. Genau dies ist der »Kick«, den Sie in solchen Momenten verspüren. Außerdem schalten unsere hirninternen Kontrollmechanismen einen Gang zurück, wenn wir die Aussicht auf eine Vergünstigung haben. Deshalb sind Sie in Ihrer Begeisterung auch ganz unempfänglich für das, was Ihnen Ihr Denkhirn signalisieren will. Auf den Punkt gebracht: Das Haben-Wollen besiegt die Vernunft.

Mit der »Erdungsstrategie« können Sie lernen, dem Hineingleiten in diesen Trancezustand, bei dem die Vernunft außer Kraft gesetzt ist, vorzubeugen. Der Begeisterungs-Kick nimmt zwar ab, wenn Sie Ihr Denkhirn »eingeschaltet« lassen, doch eine stimmige Entscheidung, die Sie unter dem Vorzeichen vernünftigen Abwägens treffen, bewirkt auch ein sehr gutes Gefühl – und zwar eines, das längerfristig wirksam ist.

Denken Sie ruhig noch einmal an die Folgen bisheriger überstürzt getroffener Entscheidungen. Was Sie an Zeit, Geld und Energie aufwenden mussten, um entstandenen Schaden wieder auszubügeln – auf Ihrem Konto, bei Ihren Freunden, bei Kollegen –, und denken Sie daran, wie wohltuend es ist, genau zu wissen, was Sie wirklich wollen und souveräne und überlegte Entscheidungen zu treffen.

2. Schritt: Das alte Verhalten erkennen

Schauen Sie sich die Vereinnahmungsstrategien ab Seite 33 noch einmal an. Schmeicheln, Zeit- und Gruppendruck, aber auch das Instrument der Täuschung sind probate Mittel, Sie zu vereinnahmen.

Übung: Impulse erforschen

Was waren die »Auslösetasten« für das impulsive Ja? Beschreiben Sie so genau wie möglich den Ablauf der Situation und Ihre Gedanken und Gefühle dabei:

- Wer war Ihr Gegenüber?
- Wie ist der andere aufgetreten, wie Sie selbst?
- Was fühlten Sie in der Situation? Welche Vorstellungen tauchten in Ihrem Kopf auf?

- Haben Sie auch erwogen, Nein zu sagen?
- Was genau hat Ihr Gegenüber gesagt oder getan, damit Sie eventuelle Bedenken beiseiteschoben und sich nur noch die Vorteile ausmalten?
- Wie ging es Ihnen hinterher?
- Woran erinnert Sie diese Situation? Kennen Sie Ähnliches von früher, vielleicht aus Ihrer Kindheit?

Besonders der Faktor Zeit veranlasst Sie zu unüberlegtem Handeln. Sie wollen alles jetzt sofort!

Der Reiz des Spontanen

Sie können sich schnell für etwas begeistern. Wenn jemand daherkommt und Ihnen versichert, dass es sich um eine einmalige Gelegenheit handelt, greifen Sie zu. Ihr Gegenüber spürt odert weiß: Abwarten liegt Ihnen nicht, Sie sind jetzt Feuer und Flamme – und genau das macht er sich zunutze. Notieren Sie sich im Laufe der Woche Beispiele aus Ihrem Alltag, wo Sie sich aus dem Augenblick heraus für ein Angebot oder einen Vorschlag begeistert haben. Was genau läuft da ab?

Meist sind es ganz bestimmte Angebote, Menschen oder Situationen, die das unreflektierte »sofort« nach sich ziehen. Als Kind hat man

Ihnen wahrscheinlich viele materielle Wünsche erfüllt. Vielleicht hatten Sie überfürsorgliche Eltern oder solche, die wenig Zeit für Sie hatten und so ihr schlechtes Gewissen beruhigen wollten. In beiden Fällen konnten Sie nicht lernen zu erspüren, was Sie wirklich brauchen. So wird noch heute der Wunsch des anderen schnell zu Ihrem eigenen und Sie »vergessen« alles, was Ihnen selbst wichtig ist. Vermutlich gibt es auch ein körperlich wahrnehmbares Signal – kurz bevor die Begeisterung Sie davonträgt. Wenn Sie sich und Ihre typischen Reaktionsmuster durch die Übung besser kennenlernen, werden Sie immer sensibler für »gefährliche« Situationen und ziehen rechtzeitig die Notbremse.

3. Schritt: Das künftige Verhalten bestimmen

Nehmen Sie Ihr Projektbuch zur Hand und machen Sie gedanklich eine kleine Reise in die Zukunft.

 ## Übung: Rückschau aus der Zukunft

Stellen Sie sich Ihren 80. Geburtstag vor. Wie zu solchen runden Ehrentagen vielfach üblich, erhalten Sie auch offizielle Glückwünsche. Eine Reporterin Ihrer Lokalzeitung kommt auf Sie zu und fragt, was in den zurückliegenden Jahren die drei wichtigsten Entscheidungen und Projekte für Sie gewesen sind, die Sie nun, mit 80, so glücklich und gelassen erscheinen lassen. Und Sie antworten: »Ich habe …«
Die Essenz dieser Übung ist, dass Sie vorwegnehmen, welche Lebensbilanz Sie glücklich und zufrieden stimmen würde. Indem Sie sich heute fragen, was Sie im Rückblick auf Ihr Leben erreicht haben möchten, erkennen Sie, **was jenseits aller Strohfeuer wichtig für Sie ist.**

Die Lebenshitliste

Sobald Sie nun Ihre Zielrichtung kennen, mit der Sie sich identifizieren, wird der Hang zur Verzettelung abnehmen. Schauen Sie sich an, was Sie in Ihrer Vorstellung auf die Frage der Reporterin geantwortet haben und fragen Sie sich:

- Was berührt und bewegt mich tief im Innersten?
- Was ist mir so wichtig, dass ich mich voll und ganz für dessen Verwirklichung einsetzen will?
- Welche Themen oder Projekte liegen mir jetzt und auch längerfristig am Herzen?
- Was brauche ich auf Dauer, um glücklich zu sein und mich wohlfühlen zu können?

Prüfen Sie das, was Sie notiert haben, nicht auf »allgemeine« Werte oder die Ihrer Eltern oder kulturelle Leitvorstellungen hin. Es geht nur um Ihre ureigensten persönlichen Vorstellungen. Anschließend stellen Sie eine Hitliste dieser für Sie wichtigen Themen und Ziele auf.

Orientierungshilfe im Alltag

Wenn Ihnen die Prioritäten in Ihrem Leben klar sind, kommen Sie weniger in Versuchung, zum Spielball neuer Ideen und Opfer von »Strohfeuern« zu werden. Sie werden sich nicht mehr länger mal für die eine Sache und mal für eine andere begeistern und sich dabei von jenen Menschen vereinnahmen lassen, die diese Dinge an Sie herantragen.

Mit der Lebenshitliste haben Sie einen Navigator, der Ihnen hilft, durch die alltägliche Vielfalt zu steuern. Entsprechend können Sie heute schon die Prioritäten so setzen, dass Sie auch längerfristig zufrieden mit Ihrem Leben sein werden – und mit dem, was Sie verwirklicht haben.

Was ist zu tun und was zu lassen?

Wenn Sie nun wissen, welche Dinge Ihnen wirklich wichtig sind, stellt sich natürlich sofort eine weitere Frage: Welchen Weg können Sie einschlagen, um dahin zu gelangen? Nehmen Sie Ihr Projektbuch zur Hand und überlegen Sie sich, was förderliche Aktivitäten sein könnten, um Ihrer Zielvorstellung näher zu kommen.

Je mehr Sie Ihre neue Grundausrichtung verinnerlichen, desto eher fällt sie Ihnen in den Momenten, in denen Sie im Begriff sind, etwas Unbedachtes zu tun, auch ein.

Untugenden ausbürgern
Gewöhnen Sie sich im Alltag an, Tätigkeiten zu Ende zu führen, statt sie zu unterbrechen, nur weil ein Impuls oder eine neue Idee auftaucht. Setzen Sie sich Priori-

Übung: Nützliche und schädliche Aktivitäten

- Schreiben Sie zunächst alles auf, was zielführend für Sie sein könnte, um sich in die angestrebte Richtung zu entwickeln – zum Beispiel: sich vorzustellen, wie es sein wird, wenn Sie Ihr Ziel erreicht haben, selbstbestärkende Sätze, kleine Belohnungen für jeden erreichten (Teil-) Erfolg usw.
- Im nächsten Schritt konzentrieren Sie sich auf Aktivitäten, die Sie vom Weg abkommen und sich verzetteln lassen. Was könnten solche Stolpersteine sein, die Sie besser links liegen lassen? Zum Beispiel zu viele verschiedene Ziele auf einmal zu verfolgen, Multitasking, chaotischer Schreibtisch …
- Bleiben Sie innerlich in Kontakt mit Ihren Motiven und schreiben Sie auf, warum Sie sich künftig auf die für Sie wichtigsten Dinge konzentrieren wollen, statt weiterhin von einem Kick zum nächsten zu springen.

täten und trainieren Sie Schritt für Schritt, Ablenkungen zu widerstehen. Das heißt, auch mal zu einer Einladung Nein zu sagen oder an einer Veranstaltung nicht teilzunehmen – selbst dann wenn Ihr Gegenüber Ihnen diese in den leuchtendsten Farben schildert. Sie werden erleben, dass die Welt nicht untergeht, nur weil Sie nicht überall dabei sind. Gut, ab und zu verpassen Sie vielleicht wirklich etwas, häufiger wird es so sein, dass Sie sich etliches an enttäuschten Erwartungen ersparen. Den gewonnenen Freiraum können Sie auf die Art nutzen, die Sie Ihren Zielen näherbringt.

Knackpunkt: der Kick

Im Moment der aufflammenden Begeisterung empfinden Sie ein regelrechtes Hochgefühl, den »Kick«. Sie identifizieren sich in diesem Augenblick voll und ganz mit dem, was sich Ihnen bietet. Sie sind Feuer und Flamme, Vernunft und Reflexionsvermögen haben sich verabschiedet. Also geben Sie Ihre Zusage zur After-Work-Party, obwohl Sie viel zu müde sind und einen anstrengenden Tag vor sich haben, oder gehen mit der Kollegin schnell einen Kaffee trinken, obwohl eine dringende Arbeit auf Sie wartet. Wenn sich innerlich doch Bedenken melden, dann wischen Sie diese meist schnell vom Tisch. Doch hinterher sieht es oft ganz anders aus: Da werden Sie sozusagen mit dem »Kleingedruckten« konfrontiert und müssen sich eingestehen, dass ein Nein besser gewesen wäre.

Deshalb ist es wichtig, vor dem Moment des Entflammens eine »Bremse« einzubauen. Wenn Sie also im Begriff sind, sich von den Wogen Ihrer momentanen Begeisterung davontragen zu lassen, erinnert Sie dieses interne Stoppschild daran, nicht nur mit dem Gefühl, sondern auch mit dem Kopf zu entscheiden. Schaffen Sie Abstand – zeitlich und emotional. Dabei kann Ihnen folgende Übung helfen.

Übung: eine Impulsbremse einsetzen

- Gewöhnen Sie sich an, zwischen Impuls und Entscheidung grundsätzlich eine Pufferzeit einzubauen.
- Nehmen Sie sich stets eine kleine Pause – auch wenn es nur Minuten sind. Falls es nicht um Leben und Tod geht, haben Sie immer die Zeit, kurz zu unterbrechen. So kann sich Ihr Denkhirn einschalten, und Sie können die Situation in Ruhe reflektieren, statt blindlings Ihrem Impuls zu folgen.
- Schaffen Sie sich einen »Erinnerungsanker«, der Ihnen in den entsprechenden Situationen »Ich nehme mir Zeit« ins Bewusstsein ruft. Das kann ein Ring oder ein Armband sein – möglichst etwas, das Sie stets bei sich tragen und das Sie im entscheidenden Moment im Blickfeld haben oder berühren können.
- Vergegenwärtigen Sie sich dieses »Ich habe Zeit« und sagen Sie dann Ihrem Gegenüber etwas wie:
  - »Darüber muss ich erst noch nachdenken.«
  - »Mal sehen, ich sage dir bis … Bescheid.«
  - »Ein interessantes Angebot, damit muss ich mich erst mal in Ruhe beschäftigen.«
- Nutzen Sie die Auszeit, um abzuwägen und sich die Frage zu stellen: »Bringt mich das jetzt dem, was wichtig für mich ist, einen Schritt näher? Oder brennt da nur ein Strohfeuer?«
- Danach treffen Sie mit »Herz und Hirn« Ihre Entscheidung!

PRAXIS

Bewusst entscheiden

Natürlich kann es auch sein, dass Sie, nachdem Sie überlegt und abgewogen haben, sagen: »Egal! Ich mach's trotzdem, auch wenn eine andere Entscheidung vernünftiger wäre!« Das ist dann auch okay: Nachdem Sie die Optionen für sich gründlich überprüft haben, fassen Sie nun einen bewussten Entschluss, für den Sie auch die Verantwortung übernehmen.

Und das unterscheidet sich gehörig vom passiven Sich-Vereinnahmen-Lassen durch einen momentan drängenden Impuls.

Bei der »Erdung« geht es also um drei Dinge:

- Klarheit darüber zu gewinnen, was Sie wirklich bewegt und was Sie sich langfristig gesehen für sich und Ihre Zukunft wünschen.
- Die Aktivitäten zu verstärken, die Sie zu lohnenden Zielen hinbringen und die Dinge bleibenzulassen, die Sie dabei behindern.
- Mit dem »Kick« umgehen zu lernen, den Sie bei impulsivem Verhalten verspüren und der Sie in Schwierigkeiten bringt.

4. Schritt: Den Schritt-für-Schritt-Plan aufstellen

Wenn Ihnen gegenwärtig ist, in welche Richtung Sie sich bewegen wollen, damit langfristig ein gutes Ergebnis dabei herauskommt, können Sie lernen, Nein zu allen Verlockungen, schnellen Schnäppchen und einzigartigen Gelegenheiten zu sagen – und Sie können Ihre Kräfte optimal in Ihrem Interesse einsetzen.

> »Zuerst die **innere Haltung,** *dann die* **äußere Form!** *Es ist wie beim Malen, wo man Glanzlichter zuletzt aufsetzt.«* Konfuzius

Eine langfristige Perspektive entwickeln

Nehmen Sie Ihre »Lebenshitliste« von Seite 68 zur Hand und gleichen Sie sie mit Ihren täglichen Aktivitäten ab. Stellen Sie große Diskrepanzen fest? Das macht gar nichts, denn Sie stehen schließlich am Anfang des Weges. Wichtig ist, dass er in die richtige Richtung führt. Zu wissen, was Ihnen wichtig ist, ist die Voraussetzung dafür, Ihre Zeit sinnvoll planen zu können.

● Schreiben Sie Ihre wichtigen Ziele und Ihre Motive auf Karteikärtchen, die Sie immer mit sich führen können.

● Schauen Sie tagsüber öfter mal darauf und stellen Sie sich im Geiste so präzise und plastisch wie möglich vor, wie es sein wird, wenn Sie verwirklicht haben, was Sie verwirklichen wollen.

● Stellen Sie die Fähigkeit, leicht entflammbar zu sein, in Ihren eigenen Dienst und sagen Sie sich: »Ich brenne für meine eigenen wichtigen Projekte!«

Aktivitäten verstärken bzw. vermeiden

Sie wissen nun recht gut, welche Aktivitäten für Sie zielführend sind und welche nicht, weil Sie sich damit Steine in den Weg legen. Dass sich eingefleischte Verhaltensweisen wie die Gewohnheit, überstürzte Entscheidungen zu treffen, nicht im Nu ablegen lassen, ist Ihnen sicher klar. Auch hatten Sie bislang nicht die notwendige Ausdauer.

Setzen Sie deshalb im zweiten Schritt ganz bewusst Prioritäten fest – nicht nur für Ihre langfristigen Zielsetzungen, sondern auch für jede Woche, für jeden Tag. Die Übung auf der nächsten Seite wird Sie dabei unterstützen.

Nehmen Sie sich möglichst jeden Tag etwas ungestörte Zeit und fragen Sie sich, was Ihnen wirklich wichtig ist. Am besten schreiben Sie die Antworten in Ihr Projektbuch. Durch das schriftliche Ausformulieren wird es meistens noch klarer. Wenn Sie sich die Fragen aus der Übung Tag für Tag neu stellen und

 Übung: Täglich Prioritäten setzen

Prioritäten zu setzen, heißt: sich zu fragen, welche Ziele oder Aktivitäten Sie anderen, ebenfalls vorhandenen, vorziehen. Hier eine bewusste Wahl zu treffen ist Ihre sehr persönliche Entscheidung, weil nur Sie definieren und ermessen können, was Sie der Verwirklichung Ihrer Vorstellungen von einem guten, erfüllten Leben näherbringt.

- Was ist Ihnen wichtig?
- Was ist, daran gemessen, die wichtigste zielführende Aktivität des heutigen Tages?
- Was ist heute die zweitwichtigste Aktivität?

- Was die drittwichtigste? Dies sind dann die Dinge, die für Sie auf der Tun-Seite Priorität haben.

Ebenso gilt es, sich über mögliche Störfaktoren Gedanken zu machen:

- Was ist heute zu unterlassen, weil es Sie von dem, was für Sie wichtig ist, wegbringt?
- Was könnte bewirken, dass Sie sich verzetteln, statt auf Ihrem Weg voranzukommen?

Diese Dinge versuchen Sie, für diesen heutigen Tag mit aller Kraft zu vermeiden.

die Ihnen zur Verfügung stehende Zeit ab sofort nach selbstbestimmten Prioritäten gestalten, erhalten Sie nach und nach die Basis, um sich von der Vereinnahmung durch andere abzugrenzen.

Auf das Ziel fokussieren

Wenn Sie etwas Wichtiges zu tun haben, das Sie Ihren Zielen näherbringt, sind Sie weniger anfällig für Ablenkungen, Überredungsversuche, »einmalige Gelegenheiten«

und andere lockende Köder. Ihr Ziel vor Augen zu haben, die Prioritäten danach auszurichten und das wegzulassen, was Sie davon wegbringt, lässt Sie Schritt für Schritt dem näher kommen, was für Sie wichtig ist.

Mit einer solchen Navigationshilfe haben Sie keinen diffusen Aufgabenberg vor sich, sondern Ihre Ziele werden »griffiger«: **Zur Verwirklichung eines Zieles bedarf es vieler kleiner Einzelschritte, die allein für sich genommen meist gut umzusetzen sind.**

Anhand Ihrer Prioritätenliste sehen Sie genau, welches der jeweils nächste Schritt hin zu Ihrem Ziel ist. Gleichzeitig können Sie ablesen, was Sie bereits geschafft haben und dies stärkt Ihre Motivation, am Ball zu bleiben.

Mit dem »Kick« umgehen lernen

Werden Sie im dritten Schritt sensibel für das Vor-Gefühl, das der spontanen Identifikation mit Vorschlägen und Anliegen anderer oder einem plötzlich auftauchenden Impuls, etwas jetzt unbedingt haben zu müssen, vorausgeht und trainieren Sie, ganz bewusst die Impulsbremse einzusetzen.

Die Impulsbremse aktivieren

Sie können die spontane Identifikation zum Beispiel abbremsen, indem Sie sich im Moment des »Aufloderns« bewusst vom anderen abwenden, um die Resonanz mit ihm abzubrechen und »die Flamme runterzuregeln«. Das funktioniert, indem Sie den Blick abwenden und woanders hinschweifen lassen, Ihre Sitzposition so verändern, dass Sie

> *»Wenn man seine **Ruhe** nicht **in sich** findet, ist es zwecklos, sie **andernorts** zu suchen.«*
>
> François La Rochefoucauld

sich leicht abwenden und mehr Raum zwischen Sie beide bringen, eben mal einen Kaffee holen usw. Auf diese Weise schaffen Sie emotionale Distanz und stärken das Gefühl, Ihren eigenen (Frei-)Raum zu besitzen. So geschützt können die Impulse des anderen Sie nicht automatisch »in Brand setzen«.

5. Schritt: Ihre Übungsgelegenheiten

Es gibt jeden Tag viele Gelegenheiten, zu trainieren …
- Dinge zu Ende zu bringen und Unterbrechungen zu unterbinden.
- Impulsen eine kurze Reflexion folgen zu lassen.
- Sich bei Vorschlägen und Ansinnen anderer Bedenkzeit oder räumliche Distanz zu verschaffen.

So geht das neue Verhalten immer mehr in Ihr normales Verhaltensrepertoire über. Belohnen Sie sich für Ihre Erfolge jeweils mit einer Kleinigkeit. Und gönnen Sie sich etwas Größeres, wenn Sie einem massiveren Vereinnahmungsversuch widerstanden haben.

Geduld bewahren

Natürlich wird es, gerade anfangs, auch mal nicht klappen, einvernehmlich mit Gefühl und Verstand zu entscheiden. Das bedeutet nicht, dass das Üben nichts bringt. Sehen Sie es lieber als Anreiz, Ihre Konzentration und Achtsamkeit noch weiter zu stärken – indem Sie weitermachen. Überlegen Sie auch, was Sie außer Ihrem visuellen Anker dabei unterstützen könnte, sich künftig rechtzeitig an die Impulsbremse zu erinnern. Seien Sie geduldig mit sich. Es dauert einige Zeit, bis Sie Ihr altes Verhalten verlernen und das neue selbstverständlich wird. Und wenn es klappt: Loben Sie sich!

6. Schritt: Ihre Unterstützer aktivieren

Sehr gut auf Ihre »Erdung« wirkt die folgende Übung:

Übung: Standfestigkeit stärken

- Stellen Sie sich aufrecht hin, die Füße stehen parallel und ungefähr hüftbreit auseinander. Fühlen Sie mit Ihren Fußsohlen bewusst den Kontakt zum Boden.
- Schließen Sie die Augen und versuchen Sie, sich allein auf Ihren festen und sicheren Stand zu konzentrieren.
- Atmen Sie tief ein und aus. Nun stellen Sie sich vor, wie Sie mit jedem Einatmen durch Ihre Fußsohlen Kraft aus dem Boden ziehen, und wie mit dem Ausatmen Wurzeln aus Ihren Füßen in den Boden hineinwachsen.
- Bei jedem Einatmen gewinnen Sie weitere Energie, bei jedem Ausatmen wachsen Ihre imaginären Wurzeln tiefer in den Boden hinein, sind Sie fester verwurzelt.

- Lassen Sie die Energie über Ihre Beine durch den ganzen Körper fließen und sich ausbreiten, bis Sie ganz und gar erfüllt davon sind.
- Spüren Sie die Kraft in sich und genießen Sie die Stärke und Stabilität, wenn Sie beim Ausatmen die Energie bis in Ihre Wurzelhärchen hineintransportieren.
- Wenn Sie genügend mit Energie gefüllt und verwurzelt sind, stellen Sie sich vor, wie Ihre Wurzeln sich langsam zurückbilden. Dann schütteln Sie Ihre Füße leicht aus.
- Zum Abschluss atmen Sie noch einmal tief durch, öffnen die Augen und nehmen das beruhigende Gefühl von Stabilität und Stärke mit in Ihren Alltag hinein.

Schauen Sie sich außerdem noch einmal die Checkliste auf Seite 45 an. Lesen Sie in Ihrem Projektbuch nach, was Ihnen dabei helfen könnte, Ihren Zielen zu folgen, somit Verpflichtungen abzubauen und mehr freie Zeit für sich selbst zu haben, anstatt dem schnellen Kick nachzugeben.

7. Schritt:
Ein Resümee ziehen

Notieren Sie sich jeden Ihrer Erfolge: Jedes Mal, wenn Sie einen Impuls gestoppt haben, machen Sie sich eine Notiz. Wenn es nicht so gut geklappt hat, finden Sie heraus, woran es gelegen hat. Was hat Ihnen in dieser Situation gefehlt? Was können Sie beim nächsten Mal besser machen?

Die Distanzierungsstrategie für die Mitleidende

Wer Probleme hat, wendet sich Hilfe suchend an Sie, weil Sie stets ein offenes Ohr für die Sorgen und Nöte Ihres Umfelds haben. Leider gibt es einige Mitmenschen, die das weidlich ausnutzen. Manche rufen zu jeder Tages- oder Nachtzeit bei Ihnen an, weil es gerade wieder irgendwo »brennt«. Andere kommen in regelmäßigen Abständen zu Ihnen, um sich mal richtig auszuheulen und verstanden zu wissen – schlagen aber alle Ratschläge, die Sie ihnen geben, in den Wind und machen genauso weiter wie bisher. Klar, dass Sie oftmals frustriert sind und gerne

> »Unser **größter Ruhm** ist nicht, niemals zu fallen, sondern **jedes Mal wieder aufzustehen.**«   Ralph Waldo Emerson

Grenzen ziehen würden, doch Sie wagen es nicht, andere vor den Kopf zu stoßen. »Aber ich kann sie doch nicht einfach sich selbst überlassen!« oder: »Er braucht mich doch!« – kommen Ihnen solche Sätze bekannt vor?

Dadurch, dass Sie eigentlich immer für andere da sind und kaum jemanden abweisen, der ein Problem an Sie heranträgt, laufen Sie Gefahr, sich in den Problemwelten anderer zu verlieren, statt sich um Ihre eigenen zu kümmern. Weil Sie so gut mitfühlen können, fällt es Ihnen außerdem schwer, nach einem Problemgespräch abzuschalten. Das, was der andere Ihnen erzählt hat, beschäftigt Sie oft noch stundenlang, hindert Sie manchmal sogar nachts am Einschlafen.

Sie fühlen sich zunehmend überlastet und spüren immer deutlicher, dass dies alles an Ihrer Gesundheit und Ihrer Lebensfreude zu zehren beginnt. Nun ist es höchste Zeit, sich von der Rolle der ewig Gebenden zu entlasten!

1. Schritt: Eine stimmige Entscheidung treffen

Um wirklich etwas verändern zu können, ist es notwendig, dass Sie genug Motivation mitbringen, und diese muss wiederum stark genug sein, dass Sie auch mit den Folgen der Entscheidung zurechtkommen. Schauen Sie auf die Wunsch- und Bereitschaftsskala auf Seite 43. Wenn Ihr Wert auf der zweiten Skala noch unter »7« liegt, dann fürchten Sie wahrscheinlich, dass eine Veränderung Ihre Situation nicht wirklich zum Positiven hin wendet und Sie zu viel dabei verlieren könnten.

Vorteile der alten Situation

Was hatten Sie bislang davon, dass Sie so bereitwillig die Probleme anderer zu lösen versuchten? Erkennen Sie, was Ihrem Veränderungswunsch alles zuwiderlaufen könnte, was Sie glauben, zu verlieren, welche Gedanken, Gefühle und Motive dabei eine Rolle spielen:

- Die Tatsache, dass Sie gefragt werden, schmeichelt Ihnen. Heißt es doch: Der andere sucht Rat und Hilfe bei Ihnen, traut Ihnen zu, ihm etwas geben zu können.
- Wenn Sie jemand anders helfen können, steigt auch Ihre eigene Bedeutung: Sie fühlen sich aufgewertet, stark und wichtig.
- Sie erhalten Anerkennung und Dankbarkeit für das, was Sie anderen geben. Dies vermittelt Ihnen das Gefühl, gemocht, geschätzt und geliebt zu werden.
- Sie stehen moralisch gut da. Kein Mensch wird Ihnen Selbstsucht oder Kaltherzigkeit nachsagen können.

Dafür lassen Sie sich immer wieder vereinnahmen und nehmen es in Kauf, die eigenen Bedürfnisse hintanzustellen oder ganz aus den Augen zu verlieren. Das ist durchaus nachvollziehbar, denn es ist ein schönes Gefühl, anderen etwas Gutes tun zu können. Nur: Den eigenen Selbstwert überwiegend vom Helfen herzuleiten ist gefährlich. Warum? Hinterfragen Sie einmal kritisch die obigen Vorteile: Ist da wirklich alles Gold, was glänzt?

Die Kehrseite der Medaille

Bedenken Sie: Wer sich geschmeichelt fühlt, ist oft auch gegenüber den Motiven des anderen blind: So werden Sie anfällig dafür, von Leuten vereinnahmt zu werden, die eigentlich gar keine Hilfe wollen, sondern nur jemanden suchen, auf den sie etwas abladen können – diese Sorte kann ganz schön penetrant sein und Ihnen viel Zeit und Kraft rauben.

Selbstaufwertung durch Aufopferung hat ebenfalls eine Kehrseite: Je mehr Sie sich selbst aufgeben, um so weniger können Sie mit sich anfangen. Wenn Sie mal alleine sind, sind Sie häufig unzufrieden – Sie langweilen sich, fühlen sich lustlos und schlapp und empfinden niederdrückende Sinnlosigkeit. Und mit der Dankbarkeit ist es oft auch nicht weit her. Es ist für den anderen einfach sehr bequem, dass Sie sich um unangenehme Sachen kümmern. Denken Sie einmal an die Situationen, wo Sie viel gegeben und kaum etwas zurückbekommen haben – außer vielleicht einen lauwarmen Händedruck. Wäre es nicht schön, weniger abhängig vom Lob, der Dankbarkeit und der Anerkennung anderer zu sein? Wenn Sie dies bedenken, sieht es mit Ihrer Motivation sicher schon besser aus!

2. Schritt: Das alte Verhalten erkennen

Von wem haben Sie sich bisher vereinnahmen lassen und wofür? Schauen Sie sich noch einmal die Vereinnahmungsstrategien ab Seite 33 an. »Ablader«, »Jammerer«, »Schmeichler« und solche, die es verstehen, Ihnen ein schlechtes Gewissen zu machen, haben relativ leichtes Spiel bei Ihnen, wenn Sie Ihre Helfersaite zum Klingen bringen. Grundsätzlich ist Helfen wollen in unserer recht ichbezogenen

Gesellschaft etwas sehr Anerkennenswertes. Wirklich fragwürdig wird es erst dann,

● wenn Sie sich in einem derart starken Maße mit Hilfesuchenden identifizieren, dass Sie jedes Unglück so mitfühlen, als seien Sie selbst davon betroffen,

● wenn Sie sich für das Leben anderer so stark verantwortlich fühlen, dass Sie nicht glücklich sein können, solange es diese nicht sind,

● wenn Sie sich hauptsächlich damit beschäftigen, was Sie für Ihre Mitmenschen tun können und daher Ihre eigenen Bedürfnisse, Wünsche und Ziele immer wieder ins Hintertreffen geraten,

● wenn Sie es sich als persönliches Versagen anlasten und sich damit herumquälen, dass Sie jemandem nicht haben helfen können.

Die Entsagungsfalle
Wenn wir die eigenen Wünsche und Bedürfnisse zugunsten anderer hintanstellen oder sogar gänzlich

verleugnen, verleiht uns das eine gewisse moralische Größe. Nicht zuletzt galten Selbstlosigkeit und Selbstverleugnung lange Zeit als höchste Ideale von Weiblichkeit und dies ist bis heute Teil unseres kulturellen Erbes (siehe Seite 31).

Die Überlastungsspirale

Ihre Hilfsbereitschaft nutzt sich jedoch ab. An hilfreiche Geister und Kümmerer gewöhnt man sich rasch. Andere erachten es dann als selbstverständlich, dass sie bei Ihnen eine Schulter zum Ausweinen haben und dass Sie sich um die Lösung ihrer Probleme bemühen. Um dann die Wertschätzung Ihres Gegenübers wiederzuerlangen, müssen Sie Ihren Einsatz steigern, also noch mehr für ihn tun – und dieser stellt dann flugs noch mehr Ansprüche. Diese Spirale lässt sich weiter und weiter drehen, bis Sie einfach nicht mehr können. So gut es auch tun mag, gebraucht zu werden: Wenn Sie keine Grenzen setzen, schlägt Ihnen das aufs Gemüt,

und Sie schlittern in einen Zustand chronischer Erschöpfung. Oft werden Sie bei all Ihrem Einsatz sogar weniger respektiert als jene, die nicht so bereitwillig sind, sondern öfters Nein sagen oder Bedingungen aushandeln.

Hin zur Balance

Wenn Sie nicht noch weiter »ausbrennen« wollen, gilt es weg von der Überforderung und hin zu einer ausgewogenen Balance von Geben und Nehmen zu kommen. Das heißt, Ihr Einsatz für andere und Ihr Engagement für sich selbst sollten sich in etwa die Waage halten. Dazu betrachten Sie zunächst typische Vereinnahmungssituationen genauer, um sich bewusst zu werden, was in einer solchen Situation in Ihnen vorgeht, was es Ihnen so schwer macht, Grenzen zu setzen. Die nachfolgende Übung hilft Ihnen dabei, das herauszufinden. Aktion und Reaktion in der Kommunikation laufen meist so unbewusst ab wie Schalten, Kuppeln,

Übung: Der Drang, Probleme anderer zu lösen

Nehmen Sie sich eine halbe Stunde Zeit und atmen Sie anfangs ein paarmal tief ein und aus, um zur Ruhe zu kommen. Dann stellen Sie sich eine typische Situation aus der Vergangenheit vor, in der jemand Sie um Hilfe gebeten hat und wo Sie das Problem des anderen zu Ihrem eigenen gemacht haben. Was lief da genau ab?

- Was genau dachten und was fühlten Sie, als der andere Sie gefragt/gebeten hatte, ihm zu helfen?
- Wie reagierten Sie damals auf das Ansinnen?

Als sie dann in der Gesprächssituation waren:
- Welche Gedanken und Bilder gingen Ihnen dabei durch den Kopf?

- Wann fingen Sie an, sich mit dem Problem des anderen voll zu identifizieren – und was hat dies ausgelöst?
- Was hatte Ihr Gegenüber gesagt oder getan, dass in Ihnen der Druck aufstieg, eine Lösung zu suchen?
- Welche Hoffnungen und Befürchtungen hatten Sie?
- Was hätte nach Ihrer Vorstellung passieren können, wenn Sie keine Lösung finden?
- Wie haben Sie sich gefühlt?
- Was haben Sie dann getan?
- Wie hat der andere reagiert?
- Wie endete das Gespräch? Was war das Resultat?
- Wie fühlten Sie sich hinterher? Wie ging es Ihnen psychisch und körperlich?
- Was denken und fühlen Sie heute, wenn Sie an diese Situation zurückdenken?

PRAXIS

Gas geben und Bremsen nach zehn Jahren Führerschein. Wir schalten auf »Autopilot« und wundern uns zwar manchmal, wieso das Resultat schon wieder genauso ist wie immer, obwohl wir doch ganz anderes im Sinn hatten. Trotzdem machen wir uns eher selten Gedanken über die ursächlichen Zusammenhänge.

Zusammenhänge erkennen

Indem wir uns darüber bewusst werden, was genau passiert, schaffen wir die Basis dafür, etwas verändern zu können: An welchem Punkt beginnen Sie das Problem des anderen zu Ihrem eigenen zu machen – und wie fühlt es sich an, wenn Sie dies tun? Vielleicht erinnern Sie die Mobbing-Probleme, die Ihre Bekannte Ihnen unter Tränen schildert, an eigene, zurückliegende Konflikte mit Schulkameraden oder mit Kollegen. Sie empfinden die gleiche Empörung, die gleiche Wut auf »die anderen« wie damals. Und schon identifizieren Sie sich voll mit Ihrem Gegen-

über. Den bösen anderen muss doch einfach Einhalt geboten werden! Und dafür müssen Sie doch eine Lösung finden!

Das Identifizierungsverzeichnis

Betrachten Sie Ihre Erkenntnisse aus der vorangegangenen Übung. Welche aktuellen Situationen sind dieser von Ihnen exemplarisch gewählten ähnlich? Warum identifizieren Sie sich? Ist eine bestimmte Umgebung oder sind gewisse Personen dafür verantwortlich? Nehmen Sie Ihr Projektbuch zur Hand und schreiben Sie auf, welche Situationen dies in den letzten Wochen waren, in denen Sie die Lösung der Probleme anderer innerlich zu Ihrer Chefsache erklärt haben. Was waren die Auslöser dafür, die innere Distanz aufzugeben und sich voll mit dem Problem Ihres Gegenübers zu identifizieren?
1. Situation …
2. Person(en) …
3. Auslöser …

Diese Liste wird schließlich die Basis bilden für Ihren »Schritt-für-Schritt-Plan« (siehe ab Seite 90).

3. Schritt: Das künftige Verhalten bestimmen

Stellen Sie sich einen kleinen Rollentausch vor. Diesmal sollen Sie für die Anliegen anderer keine Zeit und Energie investieren, sondern Ihre eigenen Wünsche und Bedürfnisse in den Mittelpunkt stellen. Sie sind jetzt Ihre eigene Beraterin. Dazu arbeiten Sie am besten mit zwei gegenüberstehenden Stühlen und führen ein fiktives Gespräch.

Die eigene Beraterin

Setzen Sie sich zunächst auf den ersten Stuhl. Hier sind Sie die Ratsuchende und formulieren Ihre Probleme, Wünsche und Anliegen. Und zwar nur das, was Ausdruck Ihrer ureigenen Bedürfnisse ist, nicht, was Sie alles noch tun könnten, um den Ansprüchen anderer gerecht zu werden. Es geht jetzt ausschließlich um Sie selbst. Wovon hätten Sie gern mehr? Wovon hätten Sie gern weniger?

- »Ich möchte nicht mehr ...«
- »Was mir zu viel ist ...«
- »Ich wünsche mir ...«
- »Ich hätte gern ...«
- »Ich brauche ...«

Fragen Sie Ihr Gegenüber, was Sie tun können, um mehr von diesen gewünschten Qualitäten in Ihr Leben zu integrieren.

Der Rollentausch

Dann wechseln Sie auf den anderen Stuhl. Jetzt können Sie Ihre Helferqualitäten zur Geltung bringen. Gehen Sie voll in die Beraterrolle. Vielleicht fällt es Ihnen zunächst leichter, wenn Sie sich vorstellen, auf dem Stuhl der Ratsuchenden würde eine andere Person sitzen. Zeigen Sie das Einfühlungsvermögen, das Sie sonst anderen zukommen lassen, und formulieren Sie Ihre Überlegungen.

- Was würde die Ratsuchende in ihrer Situation weiterbringen?

- Was könnte gut für sie sein?
- Was könnte ihr in ihrer Situation nützen? Sprechen Sie dies aus.

Den Rat annehmen

Wechseln Sie nun wieder die Stühle. Als Ratsuchende nehmen Sie das, was die Beraterin sagt, ernst, bringen kein »Ja, aber« an, sondern fragen vielleicht konkreter nach, was noch hilfreich für Sie in Ihrer Situation sein könnte.

Als Beraterin setzen Sie Ihr Brainstorming fort und geben gegebenenfalls weitere Anregungen.

Als Ratsuchende bedanken Sie sich bei der Beraterin und nennen ihr zwei oder drei der Anregungen und Hinweise, die Sie konkret verwirklichen werden.

Wichtig ist, dass Sie sowohl in der Rolle der Ratsuchenden als auch in jener der Beraterin eine wertschätzende Haltung zeigen.

Sie werden mehr als erstaunt sein, wie viele Anknüpfungspunkte für mehr Lebensqualität Ihnen dieses kleine Rollenspiel bringen wird.

Die Umsetzung

Als Nächstes schreiben Sie in Ihr Projektbuch, was Sie konkret unternehmen wollen, um Ihren eigenen Bedürfnissen verstärkt Raum im Alltag zu geben: Je konkreter Sie formulieren, und je deutlicher Sie vor Augen haben, was sich dadurch in Ihrem Leben zum Positiven verändern wird, desto leichter fällt Ihnen die Umsetzung. Rufen Sie sich innerlich immer wieder Ihre Motive ins Gedächtnis, warum Sie künftig gut für sich selbst sorgen wollen und was Sie ganz konkret davon haben.

Hemmende Überzeugungen

Als Mitleidende fühlen Sie sich oft gerade dann, wenn Sie die ersten Schritte hin zu mehr Selbstsorge unternehmen wollen, plötzlich blockiert. Die unterschwellig vorhandene Überzeugung: »Ich darf nicht egoistisch sein« kann als starke innere Bremse wirken. Irgendwann haben Sie einmal gelernt und verinnerlicht, dass es egoistisch sei, eigene Bedürfnisse in den Vordergrund zu stellen. Nun, so wie wir viele nützliche Dinge lernen, lernen wir eben auch Irrationales und Hinderliches – was wir glücklicherweise nicht bis in alle Ewigkeiten hinweg so beibehalten müssen. Gegen innere Bremsen und Verbote hilft es, sich selbst ganz ausdrücklich die Erlaubnis zu geben, in eigener Sache tätig sein zu dürfen.

Sie können auch das Spiel mit der inneren Beraterin ein weiteres Mal machen und sich von ihr diese Erlaubnis geben lassen.

Und wenn nun jemand, der Sie nur in der Rolle der mitfühlenden Helferin kennt, Ihnen vorwirft, Sie seien egoistisch oder herzlos, weil Sie nicht mehr so bereitwillig auf seine Vereinnahmungsversuche anspringen? Nun, wer ist in diesem Fall der Egoist? Derjenige, der ein Ansinnen ablehnt oder derjenige, der seine Sympathien nur dem gewährt, der sich von ihm vereinnahmen lässt? Sie müssen nicht von

Übung: Empathie für sich selbst

Stellen Sie Ihre Fähigkeit zur Empathie in den eigenen Dienst, indem Sie sich morgens, bevor Sie in den Tag starten, ganz bewusst sagen:

- Ich achte heute bewusst darauf, was mich bewegt und stehe zu meinen eigenen Wünschen und Bedürfnissen.
- Ich sorge heute gut für mich.

- Ich setze meine Kenntnisse und Fähigkeiten heute dafür ein, mein Leben ganz bewusst um Wohltuendes und schöne Erlebnisse zu bereichern.
- Statt mich immer nur zu fragen, was ich für andere tun könnte, frage ich mich heute auch: Was können die anderen für mich tun?

allen gemocht werden – und schon gar nicht von jenen Menschen, deren Zuneigung an Folgsamkeit gekoppelt ist!

Überverantwortlichkeiten verbannen

Nehmen Sie sich Ihr Projektbuch vor und gehen Sie in Ihrem Identifizierungsverzeichnis (siehe Seite 84) die einzelnen »Fälle« durch – ergänzen Sie die Aufzählung gegebenenfalls, wenn Ihnen noch weitere eingefallen sind. Wie könnten Sie sich dabei unterstützen, Ihre eigenen Bedürfnisse und Ihr Wohlbefinden im Auge zu behalten? Sodass Sie beispielsweise in einer Situation, wo Ihre Kollegin oder Ihre Freundin ein offenes Ohr sucht, bewusst entscheiden können, ob beziehungsweise in welchem Umfang Sie sich dem Anliegen widmen wollen.

● Nehmen Sie sich in solchen Momenten stets ein paar Minuten Zeit, um die Situation kurz zu analysieren. Fragen Sie sich:

○ Um welches Anliegen geht es genau? Was, glaube ich, erwartet mein Gegenüber von mir?

○ Möchte ich das tun oder geben – oder widerstrebt es mir?

○ Wie viel Zeit, Energie und Neigung habe ich, um mich um sein Anliegen kümmern zu können?

○ Was muss eventuell zurückstehen, wenn ich dem Anliegen nachkomme?

● Erst, nachdem Sie für sich diese Fragen beantwortet haben, entscheiden Sie, ob Sie dem Anliegen nachkommen oder nicht, und wenn ja, in welchem Rahmen usw.

Kleine Hilfestellung

Schreiben Sie jede Frage auf einen Selbstklebezettel und heften Sie diese kleinen Merkhilfen an eine Stelle, wo Sie häufig hinschauen und sie so gut verinnerlichen können. Dies ist eine nützliche Erinnerungsstütze dafür, sich nicht mehr auf Knopfdruck verantwortlich zu fühlen, sondern ganz bewusst das Für und Wider abzuwägen.

> *»Leicht ist es, anderen zu raten, schwer oft, für sich selber das Rechte zu erkennen.«*
>
> Georg Christoph Lichtenberg

Knackpunkt: Identifizierung

Wenn Sie jemand um Hilfe ersucht, machen Sie sich natürlich Gedanken, was wohl das Beste für seine Situation sein könnte. Am liebsten würden Sie ja das Problem für ihn lösen. Da kribbelt es Ihnen regelrecht in den Fingern, weil Sie sich gut in den anderen einfühlen können und genau zu wissen glauben, was ihm helfen würde.

Wenn Sie allerdings mal keine Lösung für seine Schwierigkeiten parat haben, fühlen Sie sich deprimiert und hilflos. Vielleicht machen Sie sich sogar Vorwürfe, zu versagen, inkompetent zu sein usw. Genau da liegt die Grenze, die es künftig zu beachten gilt:

● Akzeptieren Sie, dass der andere seine Probleme selber lösen muss. Sie können ihm bei seinen Sorgen beistehen und mit Ihrem Wissen, Ihrem Können, Ihrer Erfahrung für ihn da sein – aber dies ist seine Situation und nicht Ihre.

● Sie helfen ihm viel mehr, wenn Sie sich nicht die Verantwortung für seine Situation aufbürden. Eine Verantwortung, die Sie für jemanden übernehmen, nehmen Sie ihm gleichzeitig auch weg.

● Haben Sie stets im Blick, dass er aktiv werden muss, um an seiner Situation etwas zu ändern – nicht Sie. Selbst wenn Sie ihn huckepack zu seinem Glück tragen könnten – Sie täten ihm damit keinen Gefallen, denn dies würde ihn wesentlicher Lernerfahrungen berauben. Nachhaltige Hilfe ist immer auch Hilfe zur Selbsthilfe.

● Auch für seine Gefühle ist der andere selbst verantwortlich. Er hat das Recht, so zu empfinden, wie er es tut. Sie können ihm nur zur Seite stehen, mehr nicht.

Was ist wichtig?

Es geht bei der Distanzierungsstrategie um drei Dinge:

● Die eigenen Bedürfnisse und Grenzen wieder deutlich zu spüren und sie als ebenbürtig mit denen anderer zu werten.

● Den Mechanismus zu unterbrechen, sich automatisch für alles zuständig zu fühlen, indem Sie Ihre momentane eigene Situation mit im Blick haben und erst nach der Abwägung eine bewusste Entscheidung treffen.

● Dem anderen die volle Verantwortung für seine Situation zu überlassen und auch die Entscheidung, welchen Weg er gehen will.

4. Schritt: Den Schritt-für-Schritt-Plan aufstellen

Distanzierung lautet Ihre Herausforderung als Mitleidige. Um zu lernen, sich abzugrenzen, gilt es im ersten Schritt wahrzunehmen, was Ihnen wichtig ist.

Eigene Bedürfnisse wahrnehmen

Stellen Sie die Bedürfnisse und Wünsche, die Sie im Zusammenspiel mit der inneren Beraterin herausgefunden haben, auf einer Liste zusammen. Welche davon lassen sich relativ einfach umsetzen? Markieren Sie diese. Formulieren Sie möglichst anschaulich. Wenn Sie zum Beispiel geschrieben haben: »mehr Entspannung«, dann führen Sie aus, was Sie damit meinen: Ver-

> »Die kürzesten Wörter, nämlich ›Ja‹ und ›Nein‹, erfordern das meiste Nachdenken.«
>
> Pythagoras von Samos

stehen Sie darunter nach der Arbeit eine ruhige halbe Stunde für sich selbst zu haben? Überstunden abzubauen? Einen Yoga-Kurs zu buchen? »Entspannung« kann vieles bedeuten. Schreiben Sie die Dinge auf, von denen Sie vermuten, dass Sie Ihnen besonders guttun werden. Formulieren Sie Ihre Wünsche und Bedürfnisse so griffig, dass sie in ganz konkretes Handeln münden. Beginnen Sie diejenigen Dinge umzusetzen, die Ihnen am leichtesten fallen und begleiten Sie sich innerlich mit einem ausdrücklichen: »Das steht mir zu.« Oder: »Das ist gut für mich.«

Wenn Sie dies regelmäßig praktizieren, wird Ihnen auch auffallen, dass Sie sich durch ein Hilfsangebot vielleicht gerade von eigenen Problemen ablenken wollen – um die Ursache für das mulmige Gefühl in Ihrem Magen nicht erforschen zu müssen. Je mehr Sie sich mit Ihren eigenen Bedürfnissen auseinandersetzen und sie in den Mittelpunkt rücken, um so eher

spüren Sie, wann Sie sich auch um sich selber kümmern sollten.

Abwägen zwischen eigenen und fremden Bedürfnissen

Legen Sie neue Regeln fest, um künftig der Vereinnahmungsfalle zu entgehen.

● Treffen Sie klare Absprachen darüber, was der andere von Ihnen erwarten kann und was nicht. Setzen Sie selbst den Rahmen, statt sich vom anderen in eine permanente Helferrolle hineintreiben zu lassen. Fragen Sie ruhig auch ganz offen: »Was erwartest du von mir?«

● Fühlen Sie sich nicht weiter zuständig, wenn der andere mehrere ernst gemeinte Unterstützungsangebote nicht annimmt. Er will dann offenbar nur Druck ablassen – und da müssen Sie nicht mitspielen.

● Sagen Sie nicht voreilig etwas zu, was Sie an die Grenzen Ihrer Belastbarkeit bringt, sondern schätzen Sie den schmalen Grad zwischen Herausforderung und Überforderung sorgfältig ein. Sagen Sie beispielsweise nicht:»Du kannst mich jederzeit anrufen« – der andere könnte Sie tatsächlich beim Wort nehmen –, sondern formulieren Sie ganz konkret:»Wenn du noch Fragen dazu hast, ruf mich doch morgen zwischen 11 und 12 Uhr an.«

- Nehmen Sie sich generell mehr Zeit für Entscheidungen. Sagen Sie dem anderen zunächst etwas wie: »Das kann ich im Moment noch nicht entscheiden, ich melde mich morgen bei Ihnen/bei dir.« Diese Bedenkzeit ist wichtig, damit Sie sich darüber klar werden, wozu Sie bereit sind und wozu nicht.

- Helfen Sie nicht ungefragt.

- Wenn Sie den Eindruck haben, die Anliegen des anderen übersteigen Ihre Kräfte, dann sagen Sie es ihm offen:»Es tut mir leid, das wird mir zu viel.« Das ist kein Versagen, sondern das verständliche Aufzeigen von Grenzen. Stellen Sie klar, was Sie tun können und was nicht. Ehrlichkeit ist hier in jedem Fall weniger verletzend, als sich zu übernehmen und das Anliegen des anderen dann nur noch als Last zu empfinden. Denn: Wenn Sie sich immer wieder überfordern und sich fremdes Leid auf die eigenen Schultern laden, werden Sie sich bald selber hilflos und deprimiert fühlen. Dagegen stärkt es Ihr Selbstwertgefühl ganz enorm, die Grenzen des eigenen Wissens und Könnens zu erkennen und offen dazu zu stehen.

Aufmerksamkeit statt Identifikation

Ihre Empathiefähigkeit bewirkt, dass Sie sich gut in das Denken und Handeln anderer Menschen einfühlen können. Der Knackpunkt liegt da, wo Sie das Problem des anderen zu Ihrem eigenen machen und damit auch die Verantwortung für die Lösung übernehmen wollen. Achten Sie bewusst darauf, wann sich die innere Regung meldet und stoppen Sie diese! Gehen Sie einen Moment in sich und

> *»Man muss jedem Hindernis **Geduld, Beharrlichkeit** und eine **sanfte Stimme** entgegenstellen.«*
>
> Thomas Jefferson

sagen Sie sich in Gedanken etwas wie: »Ich bin ich und du bist du.« Machen Sie sich bewusst, dass Sie zwar mit dem anderen mitfühlen, ihn unterstützen, ihn trösten, ihm Vorschläge machen können, wie sich sein Problem lösen ließe usw. – dass es aber in seinem Ermessen steht, was er annimmt und was er ablehnt. Und auch, was er dann letztlich tut oder nicht, ist seine Entscheidung.

Deutliche Abgrenzung
Machen Sie ihm dies deutlich, indem Sie beispielsweise etwas zu ihm sagen wie: »Hast du dir Gedanken gemacht, was du als Erstes in Angriff nimmst?« Oder: »Was ist besonders wichtig für dich, um das Problem angehen zu können?« Oder: »Wie könntest du jetzt am besten aktiv werden, was könnte denn ein erster Schritt sein?«

5. Schritt: Ihre Übungsgelegenheiten

Wenn Ihnen der Ruf vorauseilt, dass Sie immer für andere da sind, dann können Sie sich über mangelnde Übungsmöglichkeiten wahrscheinlich nicht beklagen. **Beginnen Sie mit den Verhaltensänderungen, die Ihnen relativ wenig abverlangen,** beispielsweise damit, klare Absprachen zu treffen und festzulegen, wobei Sie dem anderen helfen wollen und wobei nicht. Oder damit, Bedenkzeit zu nehmen, statt automatisch Ihre Unterstützung zuzusichern. Parallel dazu fangen Sie an, sich verstärkt um Ihr eigenes Wohlbefinden zu kümmern und alles, was Sie in Ihrem Projektbuch unter »Meine Wünsche und Bedürfnisse« festgehalten haben, systematisch umzusetzen. Es sollte jeden Tag etwas dabei sein, womit Sie sich eine Freude machen oder das Ihnen Erleichterung verschafft.

6. Schritt: Ihre Unterstützer aktivieren

Schauen Sie auf die Checkliste von Seite 45. Was könnte hilfreich für Sie sein, um die Identifikation mit den Problemen anderer abzubauen und sich gegen chronische Jammerer abzugrenzen? Und was könnte Ihnen helfen, mehr freie Zeit für die Dinge zu gewinnen, die sich auf Ihrer Wunschliste befinden? Energie spendet Ihnen auch die Übung auf der nächsten Seite, mit deren Hilfe Sie ein Gefühl von innerer Freiheit entwickeln können. Nehmen Sie sich dafür etwa eine halbe Stunde Zeit, in der Sie sich von niemandem stören lassen.

Wenn Sie diese Übung einige Male gemacht haben, wird es Ihnen auch in den Situationen, wo jemand Sie völlig in Beschlag nehmen will, gelingen, das Gefühl innerer Freiheit in sich wachzurufen.

7. Schritt: Ein Resümee ziehen

Machen Sie einmal wöchentlich eine Sitzung mit Ihrer inneren Beraterin und berichten Sie ihr über Ihre Erfahrungen und Fortschritte. Als Beraterin zeigen Sie eine mitfühlende und ermutigende Haltung und stellen Fragen wie:

- »Was hat sich gut entwickelt?«,
- »Womit bist du zufrieden?«,
- »Woran hast du die Veränderung bemerkt?«, usw.

Als Ratsuchende reden Sie frisch von der Leber weg und schildern die Ergebnisse Ihrer Übungssituationen. Auch das, was nicht so gut geklappt hat. Die Beraterin fragt nach, ob Ihnen in der entsprechenden Situation etwas gefehlt hat.

Übung: Innere Freiheit spüren

- Setzen Sie sich bequem und entspannt hin. Schließen Sie die Augen und nehmen Sie einige tiefe Atemzüge.
- Stellen Sie sich bei jedem Ausatmen vor, wie von dem, was Sie im Moment belastet, ein Stück von Ihnen abfällt.
- Erinnern Sie sich an eine Situation, in der Sie unbeschwert, selbstbewusst und glücklich waren. Versuchen Sie, so gut es Ihnen möglich ist, diese Situation in Ihrer Fantasie erneut zu erleben und rufen Sie sich möglichst viele Details ins Gedächtnis.
  - o Was alles nehmen Sie wahr?
  - o Wie erleben Sie sich selbst, wie Ihre Umgebung?
  - o Was hören und sehen Sie?
  - o Wie geht es Ihnen?
  - o Was ist das Schönste an Ihrem Erinnerungsbild?
- Geben Sie Ihrem Bild einen Titel, etwa: »Meine Freiheit« oder etwas Ähnliches, das Ihnen stimmig erscheint.
- Bleiben Sie noch etwas in der angenehmen Situation. Dann kommen Sie zurück ins Hier und Jetzt. Dehnen und strecken Sie sich.

Aktivieren Sie das wohltuende Erinnerungsbild im Alltag immer wieder. Je häufiger, desto leichter fällt es Ihnen. Schreiben Sie den Titel, den Sie ihm verliehen haben, auf ein Kärtchen oder wählen Sie ein Symbol dafür aus, vielleicht ein Foto oder einen kleinen Gegenstand, der für Ihren Moment innerer Freiheit steht. Platzieren Sie dies an einer Stelle, wo Ihr Blick häufig darauffallen kann.

Als Ratsuchende äußern Sie daraufhin Ihre Vermutungen und formulieren konkret, was Sie das nächste Mal besser machen wollen. Die Sitzung endet jeweils damit, dass die Beraterin Sie fragt: »Was werden deine nächsten Schritte sein?« Sie als Ratsuchende nennen dann ein oder zwei Vorhaben, die Sie umsetzen wollen.

Die Strategie der Selbstbestärkung für die Unsichere

Als Unsichere sind Sie mit einem wackeligen Selbstwertgefühl ausgestattet und meinen oft, andere seien klüger, kompetenter, attraktiver oder ganz allgemein weltgewandter und erfahrener als Sie selbst. Während Sie stundenlang Ihre vermeintlichen Schwächen und Defizite aufzählen könnten, sind Sie sich Ihrer Kompetenzen, Vorzüge und liebenswerten Seiten nur unzureichend bewusst. An anderen Menschen hingegen, besonders an solchen, von denen Sie beeindruckt sind, sehen Sie meist nur die positiven Seiten und nehmen Nachteiliges weit weniger wahr. Dies macht Sie anfällig für Vereinnahmungen aller Art. Nachdem Sie schon häufig feststellen mussten, von jemand anderen unter Druck gesetzt oder einseitig für seine Interessen eingespannt worden zu sein – oft sehr zu Ihrem Nachteil! – wollen Sie nun endlich mehr Selbstsicherheit und Mut zur Abgrenzung entwickeln.

1. Schritt: Eine stimmige Entscheidung treffen

Stimmig heißt für Sie auch immer »richtig« – Sie wollen gern sicher sein, das Richtige zu tun. Wie stark sind Sie motiviert, weniger von anderen bestimmen zu lassen, was Sie tun und was Sie lassen sollen? Denken Sie einmal an die Situationen, in denen Sie andere Entscheidungen treffen ließen, die vorgeblich »nur zu Ihrem Besten« waren und

Sie erst später merkten, dass Sie von ihnen ausgenutzt worden sind. Das sind bittere Erfahrungen. Sicherlich gab es auch zahlreiche Situationen, in denen Sie nachgegeben haben, um sich nicht dem Ärger anderer auszusetzen. Oder wo Ihnen Aufgaben aufgehalst wurden, zu deren Lösung Sie gar nicht die nötigen Informationen hatten und somit scheitern mussten. Denken Sie auch daran, wie Sie sich fühlten, wenn Sie wieder einmal übergangen wurden oder Unrecht stillschweigend hingenommen haben, obwohl Sie innerlich vor Empörung kochten. Wenn Sie es also gründlich satt haben, dass andere in Ihrem Leben Regie führen, schauen Sie zunächst noch einmal auf die Wunsch- und Bereitschaftsskala auf Seite 43.

Ihre Motivation überprüfen

Je weiter oben auf der ersten Skala Ihr Wert angesiedelt ist, desto dringlicher ist Ihr Veränderungswunsch. Und je weiter oben er auf der zweiten Skala liegt, desto ernster ist es Ihnen auch damit, die notwendigen Veränderungen aktiv in die Hand zu nehmen.

Eine »7« sollte es schon mindestens auf beiden Skalen sein, sonst mangelt es Ihnen an der nötigen Schubkraft. Liegen Sie in der ersten Skala unter »7«, dann gibt es wahrscheinlich noch dringlichere Anliegen und Probleme, die Sie zuerst lösen wollen. Liegen Sie in der ersten Skala über »7« und in der zweiten darunter, dann wollen Sie zwar etwas ändern, schrecken aber davor zurück, es wirklich anzupacken. Vielleicht hat es trotz aller Nachteile auch viele Vorteile, unsicher zu sein, in der zweiten Reihe zu stehen und um des lieben Friedens willen nachzugeben – Vorteile, die Sie unweigerlich verlieren würden, wenn Sie mehr Profil zeigten?

Vorteile der alten Situation

Da Unsicherheit in unserer erfolgsorientierten Gesellschaft als Makel gilt und noch dazu mit unangenehmen Gefühlen verbunden ist, wäre doch die logische Folge: Nix wie weg davon, schleunigst ändern! Doch abgesehen davon, dass sich niemand per Fingerschnippen von einer unsicheren in eine selbstsichere Person verwandeln kann, scheint es auch ziemlich viele Vorteile zu haben, als unsicher zu gelten und im Zweifelsfall lieber zurückzustecken. Was genau hatten Sie bislang davon?

Durch Ihre Zurückhaltung ersparen Sie sich Kritik anderer und lange Diskussionen. Sie ziehen keinen Zorn und keine Missbilligung auf sich, wenn Sie nachgeben, bevor es brenzlig wird und müssen auch nicht eingestehen, dass Ihr Standpunkt falsch war – weil Sie ohnehin keinen eingenommen hatten. Sie vermeiden Auseinandersetzungen und blamieren sich darüber hinaus nicht mit unausgegorenen Ideen, weil Sie diese schön für sich behalten. Wenn jemand gesucht wird, der in einer kniffligen Situation die Kastanien aus dem Feuer holt, denkt garantiert keiner an Sie. Leute, die auffallen wollen, haben Sie gern an ihrer Seite. Sie stehlen ihnen ganz bestimmt nicht die Show und dafür zeigen sich die anderen dankbar.

Wer auf der Suche ist nach Gefolgschaft für seine Idee, der liegt bei Ihnen goldrichtig. Und auch dafür gibt's Streicheleinheiten – damit Sie bei der Stange bleiben.

Es ist also im Grunde genommen ganz bequem, unsicher zu sein und zu bleiben, nicht wahr? Weshalb um alles in der Welt sollten Sie das also ändern wollen?

> *»Nur durch **Mut** kann man sein **Leben** in **Ordnung** bringen.«*
>
> Luc de Clapiers Vauvenargues

Die Schattenseiten

Ganz einfach: Weil die Unsicherheit auch gravierende Nachteile hat. Und irgendwann haben dann die Nachteile die Vorteile überholt und das war der Punkt, an dem Sie angefangen haben, über Veränderungen nachzudenken. Das Anlehnen an starke Schultern zeigt eben häufig auch seine Schattenseiten:

- Sie spüren, dass Sie oft nicht richtig ernst genommen werden, und dies richtet sich gegen Ihr Selbstwertgefühl.
- Sie ärgern sich häufig über sich selbst, wenn Sie mal wieder widerspruchslos etwas hingenommen haben und fühlen sich »wie der Depp vom Dienst«.
- Sie haben oft das Gefühl, fremdbestimmt zu sein, weil Sie meist nur reagieren, statt selber die Initiative zu ergreifen.
- Sie fühlen sich im tiefsten Inneren verkannt, denn eigentlich hätten Sie ja gute Einfälle, wären Sie ein kreativer Geist, wenn – ja, wenn nicht diese verflixte Unsicherheit wäre, ob Ihre Ideen gut genug sind, um sie laut vorzuschlagen. Und das ist auf Dauer ganz schön frustrierend!
- Sie müssen häufig handfeste Folgen der Vereinnahmung durch andere ausbaden, haben dann beispielsweise finanzielle Verpflichtungen am Hals, für Sie ungünstige Vertragsbedingungen, Arbeit, für die Sie formal eigentlich nicht zuständig sind usw.

Wenn Sie das abwägen, sieht es dann mit Ihrer Motivation besser aus? Wunderbar. Dann haben Sie starke Veränderungsgelüste – trotz der Vorteile, die Sie von Ihrer bisherigen Nachgiebigkeit hatten. Unterhalb von »7«? Vielleicht hilft es, sich bewusst zu machen, welchen Preis Sie weiterhin zahlen werden, wenn Sie nichts ändern.

Der Preis des Status quo

Listen Sie auf, wie viel Ärger und Frust es ganz konkret bedeutet, weiter innerlich so abhängig vom Urteil anderer zu sein:

> »*Es ist **traurig, eine Ausnahme** zu sein. Aber noch viel **trauriger** ist es, **keine** zu sein.*« Peter Altenberg

● Sie müssen immer Angst haben, die Zuwendung anderer zu verlieren, denn es ist maßgeblich für Ihr Selbstwertgefühl, was diese über Sie sagen und denken.

● Sie werden vemutlich auch weiterhin in der zweiten Reihe stehen und Ihr Potenzial, Ihre Talente und Fähigkeiten nicht angemessen einsetzen können.

● Sie werden immer wieder Leuten auf den Leim gehen, die Sie für eigennützige Ziele zu Ihrem Nachteil einspannen.

● Sie müssen sich mächtig ins Zeug legen, um sich die Zuneigung anderer zu sichern – viele Dinge tun, zu denen Sie eigentlich keine Lust haben oder die Ihnen sogar widerstreben. Dennoch können Sie sich, egal was Sie tun, des Wohlwollens anderer nie sicher sein.

● Unsicherheit, Angst und Selbstzweifel werden mit Sicherheit auch weiterhin zentrale Themen für Sie bleiben.
Wahrscheinlich schnellen nun angesichts der handfesten Nachteile die Werte auf beiden Skalen nach oben. Denn: **So wie es war, soll es nicht weitergehen, dann springen Sie doch lieber ins kalte Wasser, oder? Vielleicht ist es ja auch gar nicht so kalt?**

2. Schritt: Das alte Verhalten erkennen

Bislang waren Sie davon überzeugt, die meisten Menschen, mit denen Sie es zu tun haben, seien Ihnen irgendwie »über«, also klüger, belesener, erfahrener, fitter, attraktiver, gewandter – die Liste ließe sich beliebig erweitern. Ein typischer Satz aus Ihrem Repertoire könnte lauten: »Ja, du bist da fit, du kannst das!«, während Sie im Stillen denken »aber ich doch nicht!« Oder: »Ich weiß nicht, ich hab da nicht viel Ahnung. Was wäre denn deine/Ihre Meinung dazu?« Damit werten Sie Ihr Gegenüber auf und bestärken es in seinen Qualitäten – gleichzeitig aber setzen Sie sich selbst herab. Und glauben, die Meinung des anderen sei die »objektive Wahrheit«; Sie denken: »Die anderen sind eben besser als ich.«

Die innere Einstellung ändern

Klar gibt es stets Bereiche, in denen wir keine Fachleute sind, wo wir Informationen einholen und auch mal externes Fachwissen anzapfen müssen. Doch Sie zweifeln generell und schon bei ganz alltäglichen Dingen an Ihrem Können und hemmen sich so ständig selbst. Deshalb wäre es gut, wenn Sie Ihre Einstellungen und Verhaltensweisen verändern könnten, um nicht

mehr länger so abhängig von der Meinung anderer zu sein – vor allem soll künftig auch die Angst vor den Folgen eines »Nein« geringer werden, oder?

Beschreiben Sie bei der folgenden Übung, wie die Situationen beschaffen sind, in denen Unsicherheit und Angst überhandnehmen und Sie sich lieber vom anderen für seine Zwecke vereinnahmen lassen, statt diese Gefühle noch länger auszuhalten. Notieren Sie sich im Laufe der Woche Beispiele aus Ihrem Alltag, wo jemand anders Sie dazu gebracht hat, seinem Willen zu folgen – obgleich Ihnen dies eigentlich widerstrebte.

Verständnis für sich selbst schaffen

Um Veränderungsstrategien zu entwickeln, ist es zunächst wichtig, dass Sie Ihre bisherigen Gedanken- und Gefühlsmuster besser verstehen. Vielleicht haben Sie als junger Mensch häufig erlebt, dass Stellung zu beziehen, eine eigene Meinung zu haben, persönliche Vorstellun-

 **Übung: Gefügigkeit erforschen**

Wie war die Situation Ihrer Vereinnahmung? Was ist passiert, was haben Sie gedacht und wie haben Sie sich dabei gefühlt? Halten Sie fest:

- Wer war Ihr Gegenüber?
- Wie ist er/sie aufgetreten, wie Sie selbst?
- Was dachten Sie in der Situation, was fühlten Sie?
- Was genau haben Sie in dieser Situation im Falle Ihrer Absage befürchtet?
- Wo genau war der »Knackpunkt« versteckt – wann hatte der andere Sie da, wo er Sie gerne hinhaben wollte? Was hat er gesagt oder getan, dass Sie sich gezwungen fühlten, klein beizugeben?
- Welche Knöpfe hat Ihr Gegenüber gedrückt, um in Ihnen Angst und Unsicherheit auszulösen? Hat er Sie bedrängt? Hat er bestimmte Nachteile in Aussicht gestellt, wenn Sie ablehnen?
- Sind es bestimmte Leute, bei denen Sie schwach werden? Oder sind es eher gewisse Strategien? Hängt es von Ihrer Tagesform ab? Hat es etwas damit zu tun, ob Dritte dabei oder Sie alleine mit der betreffenden Person sind?
- Kennen Sie solche Situationen noch von früher, vielleicht aus Ihrer Kindheit? Was war damals anders, was ist vergleichbar?

gen zu äußern, sich abzugrenzen etc. zu Herabsetzung, Spott und sogar Strafe geführt hat. Vielleicht sind Sie auch übermäßig kritisiert worden von Eltern, Lehrern, anderen Personen, die für Sie wichtig waren (siehe auch ab Seite 30). Dies hat dazu geführt, dass Sie seither lieber »das meinen, was die anderen auch meinen«, als sich negativen Reaktionen auszusetzen.

Die Erkenntnis, wie Ihre heutigen Reaktionen mit dem zusammenhängen, was Sie in der Vergangenheit erlebt, gedacht, gefühlt haben, bringt zwar noch keine Lösung, macht jedoch klar, dass es sich um erlerntes Verhalten handelt, das sich grundsätzlich auch wieder verlernen lässt. Oft sind Angst und Unsicherheit mit der Überzeugung verbunden, »sowieso nichts ändern zu können.« Denn damit etwas anders wird, müssten wir genau diese beiden unangenehmen Gefühle in Kauf nehmen. Schließlich löst fast alles, was ungewohnt für uns ist, naturgemäß neben Neugier erst einmal auch Angst und Unsicherheit aus. Das ist völlig normal, aber eben genau das, was wir nicht fühlen wollen.

So tappen Sie als Unsichere immer dann, wenn Sie einer brenzligen Situation standhalten wollen, statt zu flüchten, in die Ohnmachtsfalle.

Fatale Überzeugungen

Die Ohnmachtsfalle zementiert Vermeidungsverhalten – mit einer Handvoll Überzeugungen, die verhindern, dass wir Veränderungen in die Hand nehmen und Widrigkeiten die Stirn bieten. Der Ausgangspunkt ist immer, dass wir uns die Kompetenz für Veränderungen absprechen:

- Überzeugung 1: »Ich kann das ohnehin nicht.«
- Überzeugung 2: »Andere sind da viel besser als ich.«
- Überzeugung 3: »Wenn es schiefläuft, liegt das nur an der Überzeugung 1.« (»Hab ich's nicht gleich gewusst?!«)
- Überzeugung 4: »Wenn es gut läuft, ist das eine Ausnahme und bestätigt die Überzeugung 1.« (»... da habe ich halt ausnahmsweise mal Glück gehabt.«)
- Überzeugung 5: »Wenn ich nichts tue, kann es auch nicht schlimmer werden.«

Wenn Sie in der Ohnmachtsfalle sitzen, sind Sie zwar keineswegs glücklich mit Ihrer Situation, sehen sich aber nicht als kompetent genug an, daran etwas zu ändern. Außerdem befürchten Sie, dass durch Ihr Handeln alles noch schlimmer werden könnte – folglich unternehmen Sie lieber nichts. Auf diese Weise können Sie natürlich auch keine positiven Erfahrungen machen und dies verstärkt ganz automatisch wieder die ursprüngliche Überzeugung: »Ich kann das sowieso nicht.«

Positive Erfahrungen zulassen

Das Gefühl von Ohnmacht ist Ihr größter Bremsklotz. Um aus dieser Ich-kann-nicht-Schleife herauszukommen, ist es wichtig, dass Sie aktiv werden. Wie wir heute dank der modernen Gehirnforschung wissen, haben wir ein »plastisches« Gehirn, dessen Lernfähigkeit nicht nach unserer Kindheit erlischt, sondern unser Leben lang weiter besteht. Sie müssen also nicht für immer in der Ohnmachtsfalle verharren, sondern können selbst neue Erfahrungen initiieren, Erfahrungen, die Ihnen ganz konkret vor Augen führen, dass Sie durchaus etwas können.

3. Schritt: Das künftige Verhalten festlegen

Wenn wir Selbstsicherheit und Selbstvertrauen stärken wollen, dann gilt es als Erstes, damit aufzuhören, uns immer wieder die eigene Kompetenz abzusprechen. Stellen Sie Ihre Fähigkeit, unsicher zu sein, einmal in den eigenen Dienst: Zweifeln Sie gehörig daran, dass Ihr Selbstbild richtig ist. Ziehen Sie in Erwägung, dass Sie überwiegend in die Ecken schauen, wo Sie immerwährende Baustellen vermuten, anstatt dahin, wo Sie souverän sind und Ihnen die Dinge gut von der Hand gehen.

Eigene Stärken suchen

Niemand fühlt sich immerzu und in allen Situationen unsicher. Wer sich vor dominant auftretenden

> *»Auch aus **Steinen**, die dir in den* *Weg gelegt** werden, kannst du* *etwas **Schönes bauen.**«*
>
> Erich Kästner

Leuten fürchtet, kann sich vielleicht ausgezeichnet in einer fremden Stadt orientieren oder ohne Weiteres eine Tombola für ein Kinderfest organisieren. Es schlummern also ganz bestimmt zahlreiche Fähigkeiten in Ihnen, deren Entfaltung Sie bislang aus der Angst heraus, etwas falsch zu machen, gar keine Chance gegeben haben. Wenn Sie erst mal Zweifel an Ihrem negativen Selbstbild zulassen (»Vielleicht kann ich doch viel mehr, als ich denke?«), dann ebnen Sie sich damit den Weg, Neues auszuprobieren. Jenseits von »ich muss«, »ich darf nicht« und »andere sind besser« liegt die Freiheit, für sich selbst in jeder Situation neu zu erkennen:

- Was fühle ich – jetzt?
- Was brauche ich – jetzt?
- Was will ich – jetzt?

Vertrauen Sie bei der Beantwortung Ihrer Fragen der eigenen Wahrnehmung. **Wichtig ist, dass Sie sich immer wieder an die Situationen erinnern, in denen Sie sich sicher und souverän gefühlt haben** – dies zeigt Ihnen, dass das entsprechende Potenzial in Ihnen vorhanden ist – es muss nur noch stärker entwickelt werden!

Die Übung auf der nächsten Seite hilft Ihnen dabei. Wahrscheinlich werden Sie hinterher feststellen, dass Sie zuversichtlicher an vor Ihnen liegende Situationen herangehen. Wenn Sie sich später tatsächlich darin befinden, werden Sie mit mehr Selbstsicherheit auftreten. Wiederholen Sie die Übung immer vor Situationen, von denen Sie wissen, dass sie Ihnen einiges abverlangen werden.

 ## Übung: Selbstsicherheit visualisieren

- Sorgen Sie dafür, dass Sie eine halbe Stunde ungestört sind. Stellen Sie sich mit geradem Rücken und leicht gebeugten Knien hin.
- Erinnern Sie sich an eine Situation, in der Sie sich selbstsicher und souverän fühlten. Lassen Sie sie als inneren Film ablaufen – so deutlich wie möglich.
- Während Sie dem damaligen Gefühl nachspüren, stellen Sie sich einen farbigen Kreis auf dem Boden vor, der Ihre Füße umgibt und noch ein kleines Umfeld hat.
- Geben Sie dem Kreis spontan eine Farbe Ihrer Wahl.
- Tauchen Sie erneut tief in das Gefühl von Souveränität ein, dann treten Sie aus dem Kreis und lassen das Gefühl darin zurück.
- Stellen Sie sich nun eine Situation vor, in der Sie sich so stark und sicher fühlen möchten wie gerade eben.
- Treten Sie nun wieder in den Kreis zurück. Stellen Sie sich vor, Sie befänden sich in der künftigen Situation, so selbstsicher und souverän, wie Sie es bei der erinnerten Situation auch waren.
- Lassen Sie dazu wieder einen inneren Film ablaufen. Verbinden Sie so das Gefühl der Selbstsicherheit und Souveränität mit der künftigen Situation.
- Treten Sie dann wieder aus dem Kreis heraus und lassen Sie das Gefühl darin zurück.
- Denken Sie – außerhalb des Kreises – nochmals an die künftige Situation und festigen Sie das Gefühl.

Ihre Vorzüge erkennen

Anstatt davon abhängig zu sein, was andere von Ihnen denken und wie diese Sie einschätzen, sollten Sie sich vorrangig selbst die Wertschätzung geben, die Sie mit Zufriedenheit erfüllt. Was alles stärkt Ihre innere Sicherheit und Ihr Selbstwertgefühl? Welche Talente, Werte, Fähigkeiten haben Sie? Rufen Sie sich immer wieder in Erinnerung, was Sie in der Vergangenheit schon alles geleistet und erreicht haben. Welche Ihrer Stärken und Qualitäten kamen da zum Tragen? Nehmen Sie Ihr Projektbuch zur Hand und beschreiben Sie diese positiven Faktoren:

- Das hat mir geholfen: …
- Das kann ich gut: …
- Da kenne ich mich aus: …
- Das sind meine Vorzüge: …
- Auf diese Eigenschaften bin ich wirklich stolz: …

Lesen Sie sich Ihre Notizen täglich einmal durch – am besten frühmorgens, bevor Sie mit Ihrer Arbeit starten. Wenn Ihnen mit der Zeit weitere Qualitäten einfallen, schreiben Sie diese einfach dazu! Schon die Erkenntnis, dass Sie selbst aktiv Ihre Selbstsicherheit stärken können – indem Sie an Ihrem Selbstbild arbeiten und damit Ihre innere Haltung zu sich selbst korrigieren – setzt Energie für weitere Veränderungen frei.

»Tja«, sagen Sie jetzt vielleicht, »wenn ich alleine oder mit guten Freunden zusammen bin, dann fällt es mir ja nicht schwer, positiv über mich selbst zu denken und meine Meinung zu vertreten – aber oft habe ich es auch mit Menschen zu tun, die aggressiv und dominant auftreten, da sitze ich dann sehr schnell wieder in der alten Ohnmachtsfalle.«

Dominanz begegnen

Dieses Phänomen kennen viele von uns: In der Gegenwart bestimmter Menschen beginnen wir plötzlich zu »schrumpfen«, uns klein und hilflos zu fühlen, während der andere in unserer Wahrnehmung immer größer und mächtiger wird. Überlegen Sie: Was sind das für Situationen, in denen Sie jemand so verunsichert, dass Sie sich fühlen und verhalten wie ein Kind? Welche Menschen lösen bei Ihnen eine solche Verunsicherung aus? Was vermuten Sie: Wodurch gelingt es ihnen, Sie zu verunsichern? Und was tragen Sie selbst dazu bei, dass ihnen dies gelingen kann?

Die letzte Frage soll nicht etwa suggerieren, dass Sie daran »selber schuld« sind. Es geht vielmehr darum, wirklich zu verstehen, welcher Mechanismus in solchen Situationen abläuft: Der andere tut oder sagt etwas, was die Verunsicherung in Ihnen auslöst. Darauf reagieren Sie dann auf eine ganz bestimmte Art und Weise.

Hilfreiche Maßnahmen ergreifen

Im Wesentlichen sind es, wie Sie sicher schon bei der Übung von Seite 102 erkannt haben, Erlebnisse aus Ihrer Vergangenheit, die Ihre Reaktionsweise geprägt haben.

● Werden Sie sich darüber klar, dass damals eben damals war. Heute sind Sie längst erwachsen, kompetent und lebenserfahren – und Sie haben nicht Ihr damaliges Gegenüber vor sich, auch wenn Sie sich durch sein Aussehen, sein Verhalten etc. womöglich an die Vergangenheit erinnert fühlen.

● Setzen Sie auch im Vorfeld der Begegnung solchen »kleinmachenden« Leuten gegenüber Ihre Visualisierungsübung ein.

● Welcher Satz könnte Ihnen dabei helfen, in Zukunft eine selbstsichere und souveräne Haltung einzunehmen? Vielleicht eine Formulierung wie: »Ich bin völlig okay so, wie ich bin, egal was der andere denkt und sagt.« Formulieren Sie einen für Sie stimmigen Satz, der Stärke und Selbstsicherheit widerspiegelt.

● Bringen Sie diese innere Einstellung auch durch Ihre Körperhaltung zum Ausdruck. Selbstsichere Menschen sitzen oder stehen aufrecht, haben eine leicht erhobene Kopfhaltung und stehen mit beiden Beinen sicher auf dem Boden. Üben Sie diese Haltung, verbunden mit Ihrem selbstermutigenden Satz ruhig mehrmals täglich, auch wenn es um nichts Besonderes geht. Halten Sie jeweils diesen kurzen Moment inne und spüren Sie ganz bewusst Ihre Stärke und Selbstsicherheit.

● Wenn Sie das nächste Mal wieder einen Menschen treffen, der Sie durch Verunsicherung für seine Ziele vereinnahmen will, bringen Sie sich gleich mithilfe Ihres Satzes und Ihrer Haltung in eine selbstsichere Position.

Je häufiger und intensiver Sie dies üben, desto mehr wird es Ihnen zur Gewohnheit, und desto selbstverständlicher wird es Ihnen auch in kritischen Situationen.

Die Angst vor Fehlern

Soviel wir auch lernen, wissen und können, es wird doch immer wieder Situationen geben, denen wir nicht oder noch nicht gewachsen sind. Momente, in denen wir eine Bauchlandung erleben oder uns wieder ins Schneckenhaus unserer Ohnmacht zurückziehen. Wenn Sie die Angst vor Fehlern und vor Ablehnung abbauen möchten, dann hilft es, sich nicht nur Ihrer eigenen Stärken bewusst zu werden, sondern auch Ihre persönlichen Schwächen und wunden Punkte anzunehmen.

Schwächen akzeptieren

Sobald Sie die Überzeugung fest in sich verankert haben, dass Ihre Schwächen, Ihre Unzulänglichkeiten, Fehler usw. nichts an Ihrem Wert als Mensch ändern, wenn Sie sich also rundum mit allem Drum und Dran für liebenswert befinden, wird es Sie weit weniger als bisher berühren, wie andere über Sie denken. Je mehr Sie sich selbst annehmen, desto mehr verlieren Sie Ihre Angst vor Ablehnung.

Wiederholen Sie so regelmäßig wie möglich die Übung von Seite 41: »Obwohl ich … (hier fügen Sie jeweils Ihre empfundene Schwäche ein), liebe und akzeptiere ich mich voll und ganz!«

Herausfinden, was Sie wollen

Wenn Sie selbst nicht so genau wissen, was Sie wollen, ist dies ein Einfallstor für alle, die Sie für ihre eigenen Ziele vereinnahmen möchten. Abgrenzung ist also notwendig. Sich abzugrenzen heißt nichts anderes, als die eigenen Vorstellungen deutlich von den Ansprüchen anderer zu unterscheiden und dementsprechend zu handeln. Machen Sie sich also vor Entscheidungssituationen klar:

- »Was ist mir selbst wichtig?«
- »Was will ich?«
- »Was fände ich gut?«
- Und: »Was will ich auf gar keinen Fall?«

Nur wenn Ihnen in der jeweiligen Situation bewusst ist, was Sie wollen und was Sie nicht wollen, können Sie Ihre eigenen Interessen gegen die anderer abwägen. Manchmal geht es dann darum, einen gangbaren Kompromiss zu finden. Und auch in diesem Fall ist es gut, sich zunächst über die eigenen Wünsche klar zu werden:

- »Was wäre ein Ergebnis, mit dem ich gut leben kann?«
- Und wieder: »Was will ich keinesfalls?«

Es geht bei der Selbstbestärkung also vor allem um drei Dinge:

- Sich der eigenen Stärken und Qualitäten bewusst zu werden.
- Die eigenen Fehler und Schwächen voll zu akzeptieren.
- Zu klären, was Sie wollen und was Sie nicht wollen.

> »Den **größten Fehler,** den man im Leben machen kann, ist, **immer Angst** zu haben, einen **Fehler zu machen.**«
> Dietrich Bonhoeffer

4. Schritt: Den Schritt-für-Schritt-Plan aufstellen

Fangen Sie am besten mit den Dingen an, die Ihnen relativ leicht fallen. Steigern Sie den Schwierigkeitsgrad erst, wenn Sie die leichten Aufgaben ohne große Schwierigkeiten bewältigen. Solche Erfolgserlebnisse bestärken Sie und die alte Ohnmachtsfalle (»Ich hab' doch gleich gewusst, dass ich das nicht schaffe!«) kann nicht so schnell wieder zuschnappen.

Haben Sie Geduld und überfordern Sie sich nicht. Es braucht Zeit, bis sich anstelle der alten Muster »Ich weiß nicht …« und »Ich kann das nicht« Selbstsicherheit entwickelt.

Sich der eigenen Stärken bewusst werden

Die Basis hierfür ist Ihre Visualisierungsübung (siehe Seite 106). Je häufiger Sie in Ihrer Vorstellung Ihre kompetente, sichere Seite erleben, desto mehr wächst auch das Vertrauen in die entsprechenden Fähigkeiten. Um die in der Übung erlebte Selbstsicherheit und Souveränität auch in der Realität zu untermauern, stellen Sie sich am besten entsprechende Aufgaben. So könnten Sie beispielsweise in einem Gespräch einen eigenen Standpunkt vertreten, statt sich einfach der Meinung eines anderen anzuschließen oder sich in einer Diskussion zu Wort zu melden usw. Es wäre auch schon ein Erfolg, wenn Sie jemandem nicht einfach automatisch beipflichten, sondern sich fragen: »Sehe ich das wirklich genauso?« oder wenn Sie Ihrem Gegenüber frank und frei sagen: »Dazu habe ich mir bisher noch keine Meinung gebildet.«

Die eigenen Schwächen voll akzeptieren

Begeben Sie sich in Situationen, die Unsicherheit in Ihnen auslösen und bei denen auch die Gefahr besteht, sich zu blamieren. Das kostet natürlich Kraft und Überwindung. Jedoch: Mehr Selbstsicherheit im

> *»Es ist **besser, unvollkommene** Entscheidungen durchzuführen, **als beständig** nach **vollkommenen** Entscheidungen zu suchen, die es **niemals geben** wird.«*
>
> Charles de Gaulle

Umgang mit der eigenen Unzulänglichkeit können Sie nur erreichen, indem Sie üben, Ihre Wünsche zu formulieren, Vorschläge zu machen, Ideen einzubringen usw. und dabei in Kauf nehmen, damit auch auf Ablehnung zu stoßen. Die Herausforderung ist, sich zu trauen und das Risiko einzugehen, Fehler zu machen – ohne wieder in Selbstzweifel zu verfallen. Starten Sie auch hier nicht gleich mit drastischen Aktionen, sondern mit einfachen Wünschen, Meinungsäußerungen und Vorschlägen.

Die eigenen Erfolge wahrnehmen

Egal, wie das Feedback durch die anderen ausfällt: Sie haben es gewagt, sich dort zu Wort zu melden, wo Sie bisher vielleicht immer genickt und geschwiegen haben. Denken Sie daran, jeden auch noch so kleinen Erfolg positiv zu bewerten und als Fortschritt zu sehen, und vor allem sich selbst für Ihren Mut zu beglückwünschen. Und wenn Sie mal nicht mutig waren: auch das gehört dazu.

Seien Sie wohlwollend sich selbst gegenüber. Ein starkes Selbstwertgefühl kann sich nur entwickeln, wenn Sie sich Unvollkommenheiten erlauben und auch dann zu sich stehen, wenn Sie Ihre eigenen Ansprüche nicht so erfüllen, wie Sie es von sich erwartet hatten.

Klären, was Sie wollen und was nicht

Über viele Dinge haben Sie vielleicht noch gar nicht nachgedacht und sich keine eigene Meinung gebildet, sondern sich gewohnheitsmäßig einer Mehrheitsmeinung angeschlossen, auch wenn das nicht zu Ihrem Besten war. Macht nichts. Gestehen Sie sich zu, keine oder noch keine eigene Position zu haben.

Positionieren Sie sich

Fangen Sie mit Ihrem Positionstraining einfach dort an, wo es für Sie am spannendsten ist: mit Ihrem eigenen Leben. Die vier Fragen zur Entscheidungsfindung von Seite 11 lassen sich auch in einem größeren Rahmen stellen. So können Sie sich in Bezug auf Ihren künftigen Lebensweg zum Beispiel für die nächsten zwei Jahre fragen:

● »Was ist mir selbst für die kommenden beiden Jahre wichtig? Was will ich, was würde ich gerne verwirklichen?«

● Und: »Was will ich gar nicht?«

● »Was wäre eine zukünftige Entwicklung, mit der ich auch gut leben könnte?«

● Und wieder: »Was will ich auf gar keinen Fall?«

Der Trick dabei ist: Wenn Sie sich über größere, wichtigere Ziele in Ihrem Leben klar sind, ergeben sich viele alltägliche, kleinere Entscheidungen ganz von selbst.

5. Schritt: Ihre Übungsgelegenheiten

Wählen Sie dazu Situationen aus, die sich voraussichtlich in den nächsten vier Wochen häufiger ergeben werden und in denen Sie gerne selbstsicherer auftreten würden. Wählen Sie möglichst drei Gelegenheiten aus und visualisieren Sie mittels der Übung auf Seite 106, wie Sie sich gerne verhalten würden. Stellen Sie sich die Situation so deutlich wie möglich vor. Wählen Sie für den Anfang keine allzu anspruchsvollen Übungssituationen. Beginnen Sie am besten mit den leichtesten und überlegen Sie sich auch jeweils eine kleine Belohnung für jede bewältigte Aufgabe.

Suchen Sie sich herausfordernde – aber nicht überfordernde! – Situationen im Alltag, in denen Sie Selbstsicherheit trainieren können.

Regelmäßig üben

Führen Sie ganz unabhängig davon die Selbstsicherheits-Übung mindestens 2-mal wöchentlich durch, wenn Sie wollen auch täglich. Das Schöne daran: Je mehr Situationen Sie jetzt ganz real erleben, in denen Sie sich selbstsicher verhalten haben, desto abwechslungsreicher kann auch Ihre Selbstsicherheits-Übung werden. Denn Sie können sie dann jeweils um die neuesten Beispiele anreichern.

Trainieren Sie aber zusätzlich regelmäßig die Übung von Seite 41, die Ihre Schwächen zum Thema hat. Sie hilft Ihnen dabei, Ihr Selbstbild dauerhaft »rund« zu machen.

So gelingt es Ihnen schließlich mit der Zeit, sich zu mögen und zu sich selbst zu stehen – unabhängig von Erfolgen oder Misserfolgen und dem Urteil anderer.

6. Schritt: Ihre Unterstützer aktivieren

Schauen Sie sich noch einmal die Checkliste auf Seite 45 an. Lesen Sie in Ihrem Projektbuch nach, was Ihnen helfen könnte, Ihr Selbstbewusstsein zu stärken, was Sie souveräner im Umgang mit anderen macht. Sehr gut, um Selbstakzeptanz zu trainieren, ist auch die Übung auf der nächsten Seite, die Sie regelmäßig machen sollten.

7. Schritt: Ein Resümee ziehen

Lassen Sie am Abend, wenn Sie im Bett liegen, Ihren Tag Revue passieren, und lenken Sie Ihre Aufmerksamkeit auf das, was Ihnen gelungen ist und was Sie auf Ihrem Weg weitergebracht hat.

Es gibt jeden Tag etwas, das Sie würdigen können. Das muss überhaupt nichts Bahnbrechendes sein, sondern es geht um Dinge, die für Sie persönlich zählen.

Übung: Meine Stärken – meine Schwächen

- Stellen Sie sich vor einen Ganzkörper-Spiegel, lächeln Sie sich an. Sagen Sie sich selbst laut, was Sie an sich attraktiv finden. Wählen Sie nicht nur Äußerliches, sondern auch Qualitäten wie Humor, Zuverlässigkeit etc. Fügen Sie auch die Fähigkeiten an, die auf Ihrer Stärken-Liste stehen.
- Lächeln Sie sich wieder an und sagen Sie sich etwas wie: »Ja, so bin ich!«
- Formulieren Sie nun Ihre schwachen Seiten, die Ihnen nicht gefallen. Wählen Sie auch hier weitere innerliche Eigenschaften wie Ängstlichkeit, Entscheidungsschwäche etc. aus.
- Dann lächeln Sie sich wieder selbst an und sagen sich: »Ja, so bin ich auch.«
- Am Ende verneigen Sie sich vor Ihrem Spiegelbild und sagen sich: »... (Name einsetzen), so wie du bist, liebe und akzeptiere ich dich voll und ganz.«

Am besten legen Sie zusätzlich zu Ihrem Projektbuch ein Erfolgsbuch an. Halten Sie darin alles fest, was Sie auf Ihrem Weg zu mehr Selbstsicherheit erreichen – große und kleine Schritte. Blättern Sie öfter darin und freuen Sie sich über Ihre Fortschritte. Bei den Dingen, die nicht so gut geklappt haben, überlegen Sie, was Ihnen in dieser Situation gefehlt hat und was Sie nächstes Mal anders machen könnten. So nähern Sie sich Schritt für Schritt dem Ziel!

Die **Freiheit** verinnerlichen

Umschiffen Sie das Bermudadreieck der *Kapitulation* mithilfe von Geduld und *Zuversicht*

DER WUNSCH NACH MEHR FREIHEIT für sich selbst ist goldrichtig. So weiterzumachen wie bisher hätte bedeutet, sich weiter einschränken zu lassen und sich damit auch weiter selbst zu schaden. Das wissen Sie. Doch sicher haben Sie auf Ihrem Weg, sich zu verändern, schon mehrmals darüber gestöhnt, wie anstrengend alles ist! Vielleicht stagniert der Erfolg auch gerade oder Sie haben vor Kurzem einen Rückschlag erlebt. Das alles ist zwar frustrierend, aber völlig normal! Sie schleppen die alten Überzeugungen und Verhaltensmuster schließlich schon Ihr ganzes Leben lang mit sich herum. **Bis sich die neuen Muster einbürgern und selbstverständlich funktionieren, dauert es einfach seine Zeit.** Laut Verhaltensforschung braucht unser Gehirn mindestens vier Wochen, um Altes zu ver- und Neues zu erlernen – vorausgesetzt, Sie üben regelmäßig. **Je stärker Ihre Absicht ist und je optimistischer die Beurteilung der eigenen Fähigkeiten, desto eher wird Ihnen der Wandel gelingen.** Trotz starker Motivation und klarer Zielsetzungen wird es aber immer auch Zeiten geben, in denen die Beharrungskräfte an Stärke gewinnen und die Veränderungskräfte schwächeln. Wie Sie diese Phasen überwinden, erfahren Sie im folgenden Kapitel.

Das gilt es zu umschiffen

Innere und äußere Konflikte, zählebige Gewohnheiten und Rückschläge sind die häufigsten Gründe dafür, dass Veränderungsvorhaben entmutigt abgebrochen werden. Wenn Sie diese Phänomene jedoch nicht als übermächtige Widerstände, sondern als ganz normale Begleiterscheinungen betrachten, dann können Sie nicht nur gelassener damit umgehen, sondern gehen zuversichtlich weiter Ihren Weg.

Konflikte

Ein schnelles Ja entlastet uns sofort von innerlichem Druck und das Lob des anderen für unsere Vereinnahmungsbereitschaft wärmt unmittelbar das Gemüt. Ein Nein dagegen kann oft Stirnrunzeln, unangenehme Nachfragen, Abwendung, schlichtes Beleidigtsein oder im schlimmsten Fall Anfeindungen nach sich ziehen. Stress statt Streicheln – das gilt es zu akzeptieren und auszuhalten zugunsten der übergeordneten langfristigen Perspektive von mehr Autonomie und mehr Souveränität.

Es braucht Zeit, bis Sie Ihr neues Selbstverständnis innerlich etabliert haben und noch mehr Zeit, bis auch die anderen erkennen, dass Sie nicht mehr leicht zu haben sind und dies respektieren. **Doch wenn Sie geduldig am Ball bleiben, dann kommt auch die Wende: Es wird wundersamerweise viel weniger an Sie herangetragen werden als bisher!**

Zählebige Gewohnheiten

Kaum jemand verändert hinderliche Verhaltensweisen durch bloße Einsicht. Dazu sind sie zu tief verwurzelt, meist über Jahrzehnte hinweg eingeübt und an bestimmte Werte und Gefühle gekoppelt. Wer von Kindesbeinen an gewöhnt ist, den Wünschen von anderen Vorrang einzuräumen und seine eigenen Bedürfnisse hintanzustellen, wird sich beim Thema »schlechtes Gewissen« einige Zeit aufhalten, wenn er anfängt, sich abzugrenzen. Wer gewöhnt ist, seinen Impulsen sofort nachzugeben, wird sich gebremst fühlen, wenn diese nun auf einmal die Schleuse der Reflexion durchlaufen sollen, bevor eine Entscheidung getroffen wird. Wem Mitleiden und Helfen zur ersten Natur geworden sind, der wird eine innere Leere verspüren, wenn er beginnt, die eigenen Bedürfnisse zu erkunden und sich selbst Gutes zu tun. Wer in dem Glauben aufgewachsen ist, andere seien grundsätzlich besser als er selbst, wird häufiger die Angst zu Gast haben, wenn er sich aufmacht, seinen Aktionsradius zu erweitern. Das alles ist ganz normal. Betrachten Sie diese Phänomene als »Wachstumsschmerzen«, haben Sie Geduld mit sich und vor allem: **Nutzen Sie regelmäßig die Übungen und Techniken, die Ihnen der kleine Coach an die Hand gegeben hat.**

Rückschläge

Wenn Sie sich trotz hoher Motivation und besten Wissens mal wieder von jemandem haben überrumpeln oder überreden lassen: Werfen Sie sich dies nicht vor! Betrachten Sie diesen Vereinnahmer als einen Impulsgeber für Ihren Lernprozess hin zu mehr innerer Unabhängigkeit. Er hat den Finger auf die Wunde gelegt und nun sind Sie gefragt, Lehren daraus zu ziehen, nicht mehr und nicht weniger. Schlafen Sie eine Nacht darüber und am nächsten Tag reflektieren Sie aus dem Abstand heraus, wie es dem anderen gelungen ist, Ihnen ein Ja zu entlocken.

- Welche Strategie, welche Taktik hat er eingesetzt?
- An welchem Punkt sind Sie schwach geworden?
- Was könnte Ihnen künftig in solchen Situationen helfen?

Dieses lösungsorientierte Nachdenken aus dem Abstand heraus macht Sie jedes Mal ein Stückchen

> *»Jedes Schreckbild verschwindet, wenn man es fest ins Auge fasst.«* Johann Gottlieb Fichte

widerstandsfähiger gegen die Vereinnahmungskünste der anderen. Rückschläge können also wertvoll sein, wenn Sie sich dazu entschließen, sie in Ihren Lernprozess einzuordnen, statt sie in Richtung »hat doch eh alles keinen Sinn« fehlzuinterpretieren.

Außerdem ist es oftmals möglich, eine vorschnelle Zusage wieder zurückzunehmen. Besser ein paar unangenehme Minuten erleben, in denen Sie Farbe bekennen, als viele unangenehme Stunden, die das Beibehalten des »Ja« nach sich zieht. Sie dürfen nur nicht zu lange damit warten. Sie könnten etwa sagen: »Bitte entschuldige, dass es jetzt doch nicht geht, ich hatte … nicht bedacht.« Oder: »Tut mir leid, aber ich habe meine Meinung geändert, denn als ich zugesagt habe, hatten wir den Aufwand nicht ausreichend besprochen.«

Wie Sie auf Kurs bleiben

Reflektieren Sie nicht nur die Rückschläge, sondern konzentrieren Sie sich vor allem auf Ihre Fortschritte und Erfolge auf Ihrem Weg zu mehr persönlicher Freiheit. So ermutigen Sie sich selbst. **Als Erfolg ist natürlich auch zu betrachten, wenn Sie lösungsorientiert mit einem Rückschlag umgehen, statt sich dafür zur Schnecke zu machen.**

Sich selbst bestärken

Schreiben Sie auf, was Ihnen gelingt auf Ihrem neuen Weg, welche Vereinnahmungsversuche Sie wie abgewehrt haben – in Form eines Erfolgstagebuches, einer Collage, eines Posters, auf Karteikarten – wie immer Sie möchten. Klopfen Sie sich für das, was Ihnen gelungen ist, auf die Schulter, sprechen Sie sich ein ernsthaftes Lob aus. Sagen Sie sich öfter am Tag bestärkende Sätze, etwa: »Das war toll!« oder: »Prima hast du das gemacht!« oder »Du bist wieder einen Schritt weitergekommen!« **Gönnen Sie es sich, mit sich selbst zufrieden zu sein. Dies ist nicht nur motivierend für den weiteren Weg, es trägt auch dazu bei, dass Sie immer unabhängiger vom Urteil anderer werden** und Ihren Selbstwert deutlicher spüren. Das wiederum hat wesentlichen Einfluss darauf, wie wohl Sie sich in Ihrer Haut fühlen und wie zufrieden Sie mit Ihrem Leben sind. Sie sind nicht auf der Welt, um Ihren Wert von den Erwartungen anderer bestimmen zu lassen. Nehmen Sie sich das Recht, stolz auf sich zu sein. Die kleinen Erfolge sind es, die unserem Alltag Glanzlichter aufsetzen.

Je selbstverständlicher Ihnen die Selbstbestärkung wird, desto leichter wird es Ihnen fallen, Grenzen zu setzen (siehe auch ab Seite 122).

Bestärkung durch andere suchen

Sehen Sie Ihre Umgebung mit der »Was-tut-mir-gut-Brille«. Bei wem und in welchen Situationen können Sie leichter selbstwertbewusst denken und handeln? Wer findet es gut, dass Sie nicht mehr so leicht lenkbar sind? Wo erfahren Sie Bestärkung auf Ihrem neuen Weg? Suchen Sie den Austausch mit Menschen, die ein ähnliches Ziel verfolgen wie Sie selbst. Nutzen Sie dazu auch gezielt das Internet. Dort gibt es Diskussionsforen zu vielen Fragen der persönlichen Entwicklung. Bei den Teilnehmern, die ähnliche »Baustellen« haben wie Sie selbst, können Sie nicht nur Verständnis für Ihre Schwierigkeiten finden, sondern oft auch von deren Erfahrungen profitieren.

Das Erfolgsduo

Ein effektiver Weg, auf Dauer aktiv zu bleiben, ist, ein Erfolgs-Duo zu bilden. So geht's: Sie vereinbaren mit einer Freundin, Kollegin oder guten Bekannten, die ebenfalls ein Entwicklungsziel verfolgt, einen wöchentlichen Telefontermin. Hier berichten Sie einander, was Sie beide im Laufe der Woche getan haben, um voranzukommen. Sie dürfen sich natürlich Tipps geben – aber nur als Angebot, nicht mit dem Anspruch, die richtige Lösung parat zu haben. So kann jeder von Ihnen beiden frei entscheiden, was er annimmt und was nicht. Schon das Wissen um den wöchentlichen Termin wird Ihre Entschlossenheit befeuern, weiterzumachen. Sie wollen beim nächsten Telefonat ja nicht blank dastehen!

Ein Vorbild suchen

Jemand, der sich in einer Situation entscheiden muss und dabei an eine Person mit viel Selbstdisziplin denkt, handelt selbst disziplinierter – das haben die Ergebnisse einer Studie von Forschern der Universität Georgia ergeben. Und auch das Gegenteil trifft zu: Wer mit Menschen zu tun hat, denen es an Disziplin mangelt, lässt sich selbst gern von deren Laissez-faire-Stil anstecken. **Wer sich also vorgenommen hat, sich weniger vereinnahmen zu lassen, sollte sich mit besonders selbstbestimmten Freunden umgeben** und sich von deren klarer Prioritätensetzung anstecken lassen. Laut Studie reicht vielfach schon der Gedanke an den Namen des Vorbilds, dass wir es ihm in einer konkreten Entscheidungssituation nachtun wollen.

Nein-Sagen lernen

Öfters den Mut zum Nein zu fassen heißt, mehr und mehr Ihrem eigenen Urteilsvermögen zu vertrauen. Je mehr Sie üben, Entscheidungen nach eigenem Ermessen zu treffen, desto mehr wachsen auch Ihr Selbstbewusstsein und das Gefühl innerer Freiheit. Nach einiger Zeit werden Sie ganz selbstverständlich Ihre eigenen Schwerpunkte setzen. Die alten Muster des automatischen Sich-Vereinnahmen-Lassens verblassen zugunsten neuer Muster des selbstständigen Abwägens und Handelns. Bedenken Sie: Kein anderes Wort als »Nein« bringt Ihnen mehr Gewinn an Zeit und Energie für die Dinge, die Ihnen wichtig sind. **Eine Ablehnung muss nicht schroff daherkommen. Es gibt eine ganze Reihe von Strategien, ein »Nein« zum Ausdruck zu bringen.**

Das klare Nein

Je frühzeitiger Sie Ihre Ablehnung formulieren, desto weniger Stress und Konflikten werden Sie hinterher ausgesetzt sein. Unschlüssiges Hin und Her bringt weder Ihnen noch Ihrem Gegenüber etwas. Formulieren Sie Ihre Absage freundlich, aber klar. Zum Beispiel: »Nein, ich bin leider nicht in der Lage, Ihnen in dieser Sache zu helfen« oder »Nein, das geht leider nicht.« Achten Sie dabei auch auf einen eindeutigen Tonfall, sodass der andere gar nicht erst in Versuchung gerät, nachzuhaken.

Das begründete Nein

Sie brauchen sich zwar für ein Nein nicht zu rechtfertigen, aber eine Begründung macht es dem anderen leichter, mit der Ablehnung klarzukommen. Seien Sie dabei nicht allzu ausführlich (das riecht dann schnell nach Ausrede!), sondern halten Sie Ihre Begründung kurz. Beispiele: »Nein, tut mir leid, ich stecke grade mitten in einem anderen wichtigen Projekt.« Oder: »Nein, diese Zeit brauche ich für meine Familie.«

Das vertagte Nein

Bedenkzeit ist nicht nur eine gute Strategie gegen Überrumpelungsversuche, sondern oft auch wichtig dafür, in Ruhe Pro und Kontra abwägen zu können. Beispiel: »In den nächsten Tagen bin ich sehr beschäftigt. Ich werde mich später entscheiden.« Will der andere Ihre Bitte um Bedenkzeit nicht akzeptieren, können Sie direkt absagen: »So schnell kann ich das nicht entscheiden. Wenn es nicht möglich ist, darüber nachzudenken, muss ich leider ablehnen.«

Das prinzipielle Nein

Dabei sprechen Sie keine persönliche Ablehnung aus, sondern verweisen auf einen allgemeingültigen Grundsatz. Dadurch erscheint Ihre Aussage unumstößlich. Beispiele: »Ich kaufe prinzipiell nichts am Telefon.« Oder: »Tut mir leid, aber ich verleihe grundsätzlich kein Geld.«

Das diplomatische Nein

Manche Situation erfordert viel Einfühlsamkeit beim Neinsagen. Sei es, dass Ihr Gegenüber besonders sensibel ist oder Sie jemanden schrittweise daran gewöhnen wollen, dass Sie nicht mehr allzeit zur Verfügung stehen. **Indem Sie Verständnis für die Bitte des anderen zeigen, wirkt das Nein viel sanfter – ohne dass es halbherzig erscheint.** Beispiel: »Ich verstehe gut, dass du dich bei dieser Aufgabe unsicher fühlst. Ich glaube aber schon, dass du damit zurechtkommen

wirst. Pack es doch einfach mal an, und wende dich dann an mich, wenn du an einem Punkt Probleme hast oder nicht weiterkommst.«

Das halbe Nein

Manchmal geht es nur darum, den eigenen Einsatz zu begrenzen oder zeitlichen Engpässen aus dem Weg zu gehen. Hier erteilen Sie dem anderen keine grundsätzliche Absage, sondern schlagen eine Alternative vor. Beispiele: »Ich übernehme den ersten Teil des Projekts, den zweiten aber nicht.« Oder: »Diese Woche geht es bei mir gar nicht, aber die Woche darauf hätte ich dafür Zeit.«

Das weiterverweisende Nein

Dabei geben Sie Ihrem Gegenüber einen Tipp oder zeigen Alternativen auf, wie er sein Anliegen lösen kann oder Sie verweisen auf jemand anders, der hilfreich sein könnte. Sie bekunden damit, dass Ihnen der andere nicht egal ist, zeigen aber auch, dass Sie nicht zur Verfügung stehen. Beispiel:

> *»Der **Mensch** kann sich **ändern**,*
> *die **Welt** sich **erneuern** - sprichst du nur*
> *das eine kleine Wörtlein: **Nein**.«* Martin Luther

»Zu dem Thema kannst du im Internet unter … ganz viele Informationen finden.«

Das bedingte Nein

Das ist eigentlich ein Ja – aber mit Bedingung. Sie erklären sich mit dem Anliegen des anderen einverstanden, erwarten aber dafür eine Gegenleistung. Beispiel: »Okay, ich mache das, wenn du … für mich übernimmst.«

Das wiederholte Nein

Für den Umgang mit besonders unverfrorenen Vereinnahmern, die einfach kein Nein akzeptieren wollen, empfiehlt es sich, standhaft zu bleiben und dabei auch deren Verhalten anzusprechen. Beispiele: »Du willst anscheinend mein Nein nicht akzeptieren – aber ich bleibe dabei: Diesmal nicht.« Oder so: »Es scheint Ihnen sehr wichtig zu sein, mich umzustimmen. Aber ich habe mich dagegen entschieden. Bitte respektieren Sie das.«
Bleiben Sie freundlich und lassen Sie sich nicht auf Diskussionen ein. Wenn es nötig ist, wiederholen Sie Ihre Ablehnung auch mehrfach:

- »Wie ich schon sagte …«
- »Wie ich bereits dargelegt habe …«

Grundsätzlich gilt: **Wenn Sie etwas nicht tun wollen, dann sagen Sie das so offen und deutlich, dass der andere es gar nicht fehlinterpretieren kann.** Das geht auf freundliche, diplomatische oder einfühlsame Weise – und hilft Ihnen, Ihr Ziel zu erreichen, mehr Entscheidungsfreiheit zu gewinnen. Ich wünsche Ihnen viel Erfolg dabei!

Bücher, die weiterhelfen

Balters, Antje: Mut zum Nein sagen,
Gerth Medien GmbH

Becker, Irene: Everybody's Darling,
everybody's Depp, Campus Verlag

Dahm, Ulrike: Starke Frauen sagen nein,
Ariston Verlag

Dehner, Renate und Ulrich: Schluss
mit diesen Spielchen! Campus Verlag

Engelbrecht, Sigrid: Lass los, was deinem
Glück im Wege steht, GRÄFE UND
UNZER VERLAG

Fensterheim, Herbert und Baer, Jean:
Sag nicht ja, wenn du nein sagen willst,
Goldmann Taschenbuch

Jacobsen, Olaf: Ich stehe nicht mehr
zur Verfügung, Windpferd Verlag

Krüll, Caroline und Schmid-Egger,
Christian : Selbstsicher – jetzt!
So überzeugen Sie in jeder Situation,
GRÄFE UND UNZER VERLAG

Mikunda, Christian: Warum wir uns
Gefühle kaufen, Econ Verlag

Öttl, Christine und Härter, Gitte:
Das 1 x 1 der Schlagfertigkeit.
So reagieren Sie jederzeit souverän,
GRÄFE UND UNZER VERLAG

Pizzecco, Toni: Optimismus-Training,
GRÄFE UND UNZER VERLAG

Witzleben, Ines von und Schwarz,
Aljoscha A.: Endlich frei von Angst,
GRÄFE UND UNZER VERLAG

Dank

Allen, die am Gelingen des Kleinen Coaches »Lass dich nicht vereinnahmen«
beteiligt waren, ein herzlicher Dank! Insbesondere bedanke ich mich bei meiner
Tochter Ariadne Engelbrecht, die das Projekt intensiv und mit vielen Anregungen
begleitet hat, und bei Angela Hermann-Heene für das engagierte Lektorat und die
angenehme Zusammenarbeit.

Register

© 2010 GRÄFE UND UNZER VERLAG GmbH, München

Alle Rechte vorbehalten. Nachdruck, auch auszugsweise, sowie Verbreitung durch Film, Funk, Fernsehen und Internet, durch fotomechanische Wiedergabe, Tonträger und Datenverarbeitungssysteme jeglicher Art nur mit schriftlicher Genehmigung des Verlags.

Ein Unternehmen der
GANSKE VERLAGSGRUPPE

Projektleitung:
Nikola Hirmer

Lektorat:
Angela Hermann-Heene

Korrektorat:
Claudia Kohnle

Innenlayout, Typographie und Umschlaggestaltung:
independent Medien-Design, Horst Moser

Coverfoto (Composing):
Alamy, Fotolibrary

Syndication:
www. jalag-syndication.de

Satz: Knipping Werbung GmbH, Berg/Starnberg

Herstellung:
Susanne Mühldorfer

Reproduktion:
Longo AG, Bozen

Druck:
Printed in China

ISBN 978-3-8338-1955-1
3. Auflage 2011

Unsere Garantie

Alle Informationen in diesem Ratgeber sind sorgfältig und gewissenhaft geprüft. Sollte dennoch einmal ein Fehler enthalten sein, schicken Sie uns das Buch mit einem entsprechenden Hinweis an unseren Leserservice zurück. Wir tauschen Ihnen den GU-Ratgeber gegen einen anderen zum gleichen oder einem ähnlichen Thema um.

Liebe Leserin, lieber Leser,

wir freuen uns, dass Sie sich für ein GU-Buch entschieden haben. Mit Ihrem Kauf setzen Sie auf die Qualität, Kompetenz und Aktualität unserer Ratgeber. Dafür sagen wir Danke! Wir wollen als führender Ratgeberverlag noch besser werden. Daher ist uns Ihre Meinung wichtig. Bitte senden Sie uns Ihre Anregungen, Ihre Kritik oder Ihr Lob zu unseren Büchern. Haben Sie Fragen oder benötigen Sie weiteren Rat zum Thema? Wir freuen uns auf Ihre Nachricht!

Wir sind für Sie da!
Montag–Donnerstag: 8.00–18.00 Uhr;
Freitag: 8.00–16.00 Uhr
Tel.: 0180-5 00 50 54*
Fax: 0180-5 01 20 54*
E-Mail:
leserservice@graefe-und-unzer.de

*(0,14 €/Min. aus dem dt. Festnetz/ Mobilfunkpreise maximal 0,42 €/Min.)

P.S.: Wollen Sie noch mehr Aktuelles von GU wissen, dann abonnieren Sie doch unseren kostenlosen GU-Online-Newsletter und/oder unsere kostenlosen Kundenmagazine.

GRÄFE UND UNZER VERLAG
Leserservice
Postfach 86 03 13
81630 München